Für ein couragiertes Selbst

Ingo Reuter

FÜR EIN COURAGIERTES SELBST

Michel Foucaults Impuls für eine religionspädagogische Kritik schulischer Bildungsökonomisierung

EVANGELISCHE VERLAGSANSTALT
Leipzig

Ingo Reuter, Dr. theol., Jahrgang 1968, arbeitet als Schulpfarrer an Gymnasien in Mönchengladbach. Er ist Privatdozent für Religionspädagogik an der Universität Paderborn und lehrt darüber hinaus an der Kirchlichen Hochschule Wuppertal-Bethel und an der Evangelischen Fachhochschule Rheinland-Westfalen-Lippe in Bochum. Seit vielen Jahren arbeitet er an Fragen theologisch-philosophischer Hermeneutik und bemüht sich um die Reflexion christlicher Glaubensaussagen im Horizont der Postmoderne.

Bibliographische Information der Deutschen Nationalbibliothek
Die Deutsche Nationalbibliothek verzeichnet diese Publikation in der Deutschen Nationalbibliographie; detaillierte bibliographische Daten sind im Internet über http://dnb.dnb.de abrufbar.

Printed in Germany · H 7691

Das Buch wurde auf alterungsbeständigem Papier gedruckt.

Cover: Kai-Michael Gustmann, Leipzig
Innengestaltung: Mario Moths, Marl
Druck und Binden: Hubert & Co., Göttingen

ISBN 978-3-374-03629-5
www.eva-leipzig.de

VORWORT

Worum geht es in diesem Buch? Um mich dem Thema dieses Buches anzunähern, wähle ich hier den Weg einer Analyse des Coverbildes von Mark Tansey, in dem mir vieles von dem erkennbar zu sein scheint, worum es im Folgenden gehen soll.

Zuerst fallen dem Betrachter die Fragmente einer gewaltigen Säule ins Auge, die das Bild beherrschen, Zeugnis einer Vergangenheit, die langsam im Sand versinkt. Erst auf den zweiten Blick erkennt man auf dem größten Säulenstück, das sich in der Bildmitte befindet, einen laufenden Jungen. In seiner Hand hält er, wie einen zur Attacke ausgestreckten Säbel, einen Stock.

Er eilt schnell und selbstsicher voran, ohne jedoch unvorsichtig zu sein. Sein Blick ist auf die gigantische Säule gerichtet, die die Laufrichtung bestimmt, der er folgt. Dieses Folgen ist jedoch kein Folgeleisten. Es ist ein eigenständiges Erkunden, immer auch von der Gefahr des Absturzes bedroht. Nur mit Aufmerksamkeit ist die Aufgabe der Erkundung und neuen Besitznahme zu leisten, einer Aufmerksamkeit, die in Spannung steht zum ungestümen Vorwärtseilen auf die Abbruchkante der Säule zu. Man kann sich fragen, ob er innehalten wird oder ob ein jäher Absturz erfolgt oder ein gewagter Sprung. Die Höhe dürfte gerade noch zu meistern sein, auch wenn das darunterliegende Säulenfragment die Landung erschwert.

Das massive Säulenstück, auf dem der Junge läuft, liegt in einer unwirtlich erscheinenden Ebene, die sich bis zum

Horizont erstreckt und auf der sich weitere verstreute Ruinen finden. Man wähnt sich auf dem Gelände einer untergegangenen antiken Stadt. Die in den Mittelpunkt gerückten Säulenfragmente sind offenbar vor langer Zeit schon niedergestürzt; sie sind teilweise schon bis zur Hälfte im Boden verschwunden. Am Anfang der dahingestreckten Säule liegt eine gestürzte Statue, vielleicht die eines Kaisers, Herrschers, jedenfalls eines, der so wichtig war, dass man ein überlebensgroßes Abbild von ihm geschaffen hat. Rechter Hand befinden sich einige Treppenstufen: Ein breiter Aufgang eröffnet ebenfalls eine Möglichkeit, sich hier voranzubewegen, allerdings ohne sich einem Risiko auszusetzen. Auf dem Absatz dieses Aufgangs steht ein weiterer Junge. Er ist an den Schoß einer Frau gelehnt, vielleicht den seiner Mutter, die sich zu ihm herunterbeugt und sich um ihn kümmert. Ihr Körper schirmt den Jungen gegen die Säule ab, über die der erste Junge balancierend läuft. Hier gibt es kein Risiko, aber auch keine Chance einer neuen Erfahrung, eines selbständigen Eroberns von etwas Neuem. Die Fürsorge der Mutter schützt und schirmt gleichzeitig vom Neuen, vom Risiko und damit auch von der Bildung eines eigenständigen Selbst ab.

Zahlreiche Beziehungen von Macht, um einen Zentralbegriff Foucaults zu gebrauchen, zeigen sich auf dem Bild. Am dominantesten zeigen sich die Zeugnisse vergangener repräsentativer Macht in den Fragmenten von Säule und Statue. Am Beispiel der kleinen Gruppe von Mutter und Kind zeigt sich Machtentfaltung als Fürsorge, die in Herrschaft übergeht, weil sie keine Selbstentfaltung zulässt. Währenddessen erprobt der Junge auf der Säule seine eigenen Möglichkeiten, erschließt sich die Welt vor dem Hintergrund der massiven Monumente vergangener

Herrschaft. Die antiken Idole sind gestürzt. Das Bild zeigt in doppelter Hinsicht ein ikonoklastisches Szenario: Die zu Fragmenten zerschlagenen Säulen und Idole der Vergangenheit werden neu erobert durch einen vorwitzigen Jungen, der sich nicht gegen die Erfahrung des Neuen abschirmen lässt und die Trümmerlandschaft zum Feld seiner eigenen Machtentfaltung macht. Er entwickelt sein eigenes Selbst- und Weltbild auf der Basis und auf den Fragmenten, den Trümmern, Ruinen und Hinterlassenschaften der Vergangenheit.

Ohne diese Trümmer freilich gäbe es auch keinen neuen Weg zu gehen, der herausfordernd wäre. Die Ebene ohne die Fragmente der Vergangenheit wäre eine Wüste ohne jede Struktur, in der jeder Weg gleich beliebig wäre und ins Nichts liefe. Selbstentfaltung kann es nur in Auseinandersetzung mit Vorgaben geben.

»Triumph over Mastery« nennt Mark Tansey sein 1986 geschaffenes Werk. Man kann es mit »Triumph über die Herrschaft« übersetzen oder aber auch mit »Triumph über die Meisterschaft«. Der Begriff umfasst beide Bedeutungen und evoziert diese vermutlich auch absichtlich, da Tanseys Werk in weiten Teilen eine Selbstreflexion seiner Profession, der Kunst, speziell der Malerei ist. Diese Auseinandersetzung findet oft geradezu respektlos bei ihm statt. Ein anderes Bild gleichen Titels zeigt einen Maler, der auf einer Gerüstschaukel sitzend die Fresken der Sixtinischen Kapelle mit einer Farbrolle übermalt. Meisterschaft bedeutet immer auch eine Form von Herrschaft, von Diktat und Vorgabe, mit der es sich auseinanderzusetzen und die es letztlich zu überwinden gilt. Wer selber etwas schaffen will, muss den Mut aufbringen, dem Altmeisterlichen sich zu nähern, die Aura des Heiligen zu durchbrechen und es schließlich zu überwinden. Dass das Werk Tanseys dabei selbst schon wieder als ein Meisterwerk angesehen werden kann, verdoppelt die Selbstreflexivität des Bildes aus der Perspektive des Beobachters. Er wird sich dem Werk nur dann sinnvoll nähern können, wenn er selbst die Meisterschaft des Meisterkritikers in Frage stellt. Das Resultat der Rezeption ist das Entstehen neuer Gedanken und neuer Formen.

Lernen ist Weltaneignung in Auseinandersetzung mit dem Bestehenden, mit dem Ziel, zu einem eigenen Entwurf, einem Standpunkt – der gleichwohl beweglich bleiben muss –, einem eigenen Weg zu finden. Damit ist natürlich Lernen in einem höheren Sinne gemeint, das, was man im Deutschen Bildung nennt: Prozess der Selbstbildung in Weltaneignung und Weltgestaltung. Entscheidend dabei ist, dass Idole gestürzt werden müssen, da sie stets Herrschaft beanspruchen. Bildung im emanzipatorischen Sinne ist stets, wenn nicht ikonoklastisch, so doch mindestens idoloklastisch. Dass dies besonders für die Religionspädagogik gelten muss, liegt auf der Hand. Idole sind nie anzubeten, auch nicht die sich als alternativlos gerierenden politpädagogischen Ideologien der Gegenwart oder welcher Zeit auch immer.

So wie dem Schüler, ein Wort Wittgensteins aufgreifend, der Lehrer nur die Leiter ist, über die er hinausgelangen muss zu Anderem und Neuem, so muss der Lehrer sich als eigenständig urteilendes und Wege beschreitendes Subjekt seiner pädagogischen Bemühungen verstehen. Nur wo er sich in dieser Weise stets um die Eigenständigkeit seines pädagogischen Selbst sorgt, wird er sinnvoll für andere Sorge tragen und diesen helfen können, ihren eigenen Weg zu finden, über ihn hinauszuwachsen. Lernen und Lehren geschehen nie ohne Risiko. Sie sind stets ein Wagnis, das Ergebnis nicht berechenbar. Wer Lernende zu outputgesteuerten Kompetenzerfüllern heranziehen will, verfehlt den Sinn von Bildung: ein eigenständig urteilendes Selbst zu werden, das sich Erwartungshaltungen auch zu verweigern oder diese zu transformieren vermag. Nur ein couragiertes Selbst vermag der Ideologie und damit letztlich Herrschaft und Inhumanität zu widerstehen. Um diese notwendige, nicht zureichende Bedingung, ihre Begründung (auch im religionspädagogischen Diskurs) und die Analyse der ihr widerstreitenden Ideologie geht es in diesem Buch.

Ich danke Leonie Grimm und Matthias Stracke für eingehende und kritische Diskussionen der Texte Foucaults und meines Buches dazu. Beide gaben mir wichtige Denkanstöße. Prof Dr. Joachim Kunstmann, der langjährige Freund, gab mir – wieder einmal – Hinweise auf notwendige Schärfungen und Zuspitzungen. Dr. Annette Weidhas danke ich für kritische Hinweise zum Thema und die unkomplizierte Zusammenarbeit in Verlagsdingen, Dr. Rolf Keuchen für die präzise Textkorrektur des Germanisten. Anne Grabmann hat mit großer Freundlichkeit und Geduld die Herstellung des Buches begleitet.

Schließlich danke ich der Evangelischen Kirche im Rheinland für einen großzügigen Druckkostenzuschuss.

Ingo Reuter

INHALT

1 BILDUNG, RELIGIONSPÄDAGOGIK UND WIDERSTAND

Seit mehr als zehn Jahren entspinnt und verwirrt sich im Gefolge der PISA-Studie eine breite Diskussion über Bildung und ihre Institutionen in Deutschland. Das lässt natürlich auch die Religionspädagogik nicht unberührt. Auf der einen Seite werden Richtlinien und Lehrpläne kompetenz- und outputorientiert umgestaltet und Religionspädagogen und religionspädagogische Institute entwickeln unterschiedlichste Listen religiöser Kompetenzen. Auf der anderen Seite ist ein Protest gegen die Umstrukturierung von Bildung nach wie vor nicht zum Verstummen gekommen, der sich bemüht, Bildung vor Instrumentalisierung zu schützen.

Nun wäre es sicherlich naiv, Bildung als ein rein selbstbezügliches Unternehmen zu verstehen. Natürlich übernimmt Bildung eine gesellschaftliche Funktion. Nur deswegen leistet sich eine Gesellschaft ein Bildungssystem. Das Bildungssystem dient dazu, Individuen mit Kenntnissen zu erzeugen, derer die Gesellschaft bedarf. Das sind zum einen rein instrumentelle Fähigkeiten wie Lesen, Schreiben und Rechnen. Zum anderen ist es nötig, dass die Individuen über eine Bildung verfügen, die verhindert, dass sie die Grundlagen der Gesellschaft selber zerstören – sei es mutwillig oder auch unabsichtlich. In einer offenen, demokratischen Gesellschaft bedarf es also einer Bildung, die rechtsstaatliches Denken und gewisse ethische Werte wie Toleranz, Gerechtigkeit und Erbarmen im Blick behält. In einer funktional hochdifferenzierten Gesellschaft wird sich Bildung außerdem, je weiter sie fortschreitet, stärker differenzieren. Nicht jeder muss höhere Chemie verstehen, aber in einer Gesellschaft, die z. B. das Anliegen hat, bestimmte Krankheiten zu heilen oder körperliche Defizite zu korrigieren (z. B. durch künstliche Bauteile für den Körper), wird man einige brauchen, die das tun.

Damit aber ein Bildungssystem in einer hochdifferenzierten Gesellschaft überhaupt funktionieren kann, muss man ihm erlauben, als einem spezifischen gesellschaftlichen Subsystem, eine ihm entsprechende Eigenlogik aufzubauen. Nur so kann das Funktionieren für die Gesellschaft im Ganzen garantiert werden. Kein Bildungssystem kann die Erfordernisse der Gesellschaft, der es angehört, schlicht ignorieren. Aber um diese Bedürfnisse zu erfüllen, darf es sich nicht der Eigenlogik eines anderen Subsystems unterordnen.

Leider unterwerfen sich unsere westlichen Gesellschaften im Moment viel zu sehr der Eigenlogik eines Subsystems, von dem man doch nichts weniger sagen kann, als dass es für das Leben der Menschen das wichtigste wäre: dem Wirtschaftssystem. Welche zerstörerischen Auswirkungen dieser Übergriff auf andere Subsysteme der Gesellschaft hat, sieht man nicht nur am Bildungs-, sondern schmerzlich auch am Gesundheitssystem. Dass letztlich das Wohl des Menschen im Mittelpunkt der Bemühungen aller Subsysteme der Gesellschaft zu stehen habe, dieser gesellschaftspolitische kategorische Imperativ ist sehr weit aus dem Blick geraten. Und in Vergessenheit scheint ebenso geraten zu sein, dass die seit dem Mittelalter mühsam ausdifferenzierten gesellschaftlichen Subsysteme in der Verfolgung ihrer Eigenlogik gleichzeitig frei und begrenzt sein müssen.

Was im Bildungsbetrieb geschieht, reflektierend in den Blick zu nehmen, bleibt eine Herausforderung der Religionspädagogik, solange sie sich selbst als kritische Wissenschaft noch ernst zu nehmen gewillt ist.[1] Als hermeneutisches Instrumentarium steht ihr hier immer schon kritisches theologisches Denken zur Verfügung, das sich aus der Botschaft des Evangeliums speist. Um Strukturen politpädagogischer Machtentfaltung aber tiefergehend zu durchdringen, kann hier ein Ansatz machtkritischer Analyse weiterhelfen, wie ihn Michel Foucault vorgelegt hat.

Michel Foucault (1926–1984) zählt zu den wichtigsten französischen Denkern des 20. Jahrhunderts und hat durch sein Denken unterschiedlichsten Wissenschaften entscheidende Anstöße gegeben, am wenigsten – bisher – der evangelischen Theologie. Eine Kategorisierung seines Denkens fällt schwer. Schlagwortartig könnte man es als poststrukturalistisch bezeichnen, da es strukturalistische Fragestel-

---

1 Offensichtlich ist das z. B. bei Martin Rothgangel nicht mehr der Fall, wenn er schreibt: »Wie bereits eingangs kritisch angemerkt wurde, liegt aktuell insofern ein großes Defizit der religionspädagogischen Diskussion vor, als noch keine empirisch überprüften Bildungsstandards ausgearbeitet sind. [...] Die Gefahr der religionspädagogischen Diskussion besteht m. E. gegenwärtig darin, dass man sich mehr oder weniger der empirischen Seite der jetzigen Bildungsreform entzieht und sich in elaborierten theoretischen Diskussionen über Sinn bzw. Unsinn von Kompetenzen und Bildungsstandards erschöpft.« Vgl. Rothgangel, Martin: Grundlegende Aspekte kompetenzorientierter Religionspädagogik, in: Loccumer Pelikan 3/2009, 103–106, hier: 106. Das Votum Rothgangels ist in doppelter Hinsicht bestürzend. Zum einen wird hier der Wissenschaftsanspruch der Religionspädagogik aufgegeben, indem kritisches Reflektieren grundsätzlicher Fragen diskreditiert wird. Zum zweiten geschieht diese intellektuelle Kapitulation völlig ohne Not und ohne jede Berücksichtigung der vielfachen bedenkenswerten Kritik unterschiedlicher Wissenschaften am Kompetenzbegriff und seinen gesellschaftlichen Implikationen.

lungen und Methoden aufnimmt, diese aber auf sich selbst zurückspiegelt und die Genese strukturalistischer Erkenntnisse hinterfragt. Auch ist umstritten, inwieweit sein Werk als einheitlich gelten kann oder Wandlungen unterworfen gewesen ist. Der späte Foucault betont einerseits die Kontinuität seiner subjektorientierten Fragestellungen, andererseits bemerkt er über sich selbst, dass er nicht ein Leben lang geforscht und gearbeitet habe, um derselbe zu bleiben:

> »Ich denke niemals völlig das Gleiche, weil meine Bücher für mich Erfahrungen sind, Erfahrungen im vollsten Sinne, den man diesem Ausdruck beilegen kann. Eine Erfahrung ist etwas, aus dem man verändert hervorgeht. Wenn ich ein Buch schreiben sollte, um das mitzuteilen, was ich schon gedacht habe, ehe ich es zu schreiben begann, hätte ich niemals die Courage, es in Angriff zu nehmen. Ich schreibe nur, weil ich noch nicht genau weiß, was ich von dem halten soll, was mich so sehr beschäftigt. So dass das Buch ebenso mich verändert, wie das, was ich denke. Jedes Buch verändert das, was ich gedacht habe, als ich das vorhergehende Buch abschloss.«[2]

Schwierigkeiten bereitet auch, dass er Begrifflichkeiten nicht immer einheitlich benutzt, gleichzeitig aber eine Vielzahl von ihm spezifisch definierter Termini geschaffen und verwendet hat.

Will man sein Werk in Phasen einteilen, so kann man zwischen einer archäologischen, einer genealogischen und einer ethischen Phase unterscheiden. Alle drei durchzieht das Interesse an der Frage nach Wissen, Macht und Subjekt, wobei sich der Schwerpunkt zu letzterer hin verschiebt.[3] In einem lexikalischen Eintrag zu »Foucault«

---

2 Foucault, Michel: Gespräch mit Ducio Trombadori (1980), in: ders.: Schriften IV, 51–119, hier: 52.

3 Suárez Müller, Fernando: Skepsis und Geschichte. Das Werk

im »Dictionnaire des philosophes«, den Foucault unter Pseudonym selbst verfasste, erklärt er, man könnte »sein Unternehmen *Kritische Geschichte des Denkens* nennen. Worunter nicht eine Ideengeschichte zu verstehen wäre, die man nachträglich ermessen könnte, oder eine Entschlüsselung der Missverständnisse, mit denen das, was wir heute denken, verbunden wäre und von denen es abhängen könnte. Wenn man unter Denken den Akt versteht, der in ihren diversen möglichen Beziehungen ein Subjekt und ein Objekt setzt, dann wäre eine kritische Geschichte des Denkens eine Analyse der Bedingungen, unter denen bestimmte Subjekt-Objekt-Beziehungen in dem Maße ausgebildet oder abgeändert werden, wie sie für ein mögliches Wissen konstitutiv sind.«[4] Aus diesen Untersuchungen ergibt sich dann folgerichtig die Machtfrage, als Frage danach, wie, mit welchen Techniken und in welchen Strukturen Subjekte zu Objekten gemacht werden.

Lässt sich nun das Denken Foucaults zwanglos mit religionspädagogischem, mit theologischem Denken gar verbinden? Natürlich nicht. Denn keine Textrezeption ist zwanglos. Immer handelt es sich schon um eine

---

Michel Foucaults im Lichte des absoluten Idealismus, Würzburg 2004, 154: »Man pflegt Foucaults Werk in drei Phasen einzuteilen: die archäologische, die genealogische und die ethische. In der Archäologie geht es hauptsächlich darum, Wissenssysteme zu rekonstruieren, in der Genealogie, Machtsysteme zu beschreiben und in den historisch-ethischen Werken, Formen des ethischen Verhaltens zu analysieren. Diese Phasen sind allerdings einheitlich zu fassen. Das heißt, daß der Übergang zur nächsten Phase bei Foucault nicht durch Willkür oder durch innere Aporien seines Werkes motiviert ist. Auch darf man diese Phasen nicht als methodologische Neuanfänge verstehen. Foucault hat im Laufe der Zeit seine Methode ergänzt, doch nicht wesentlich verändert.«

4 Foucault, Michel: Foucault (1984), in: ders.: Schriften IV, 776–782, hier: 776 f.

Bändigung[5], eine Vereinnahmung des Textes des anderen. Nun hat freilich dieser andere seinen Text freigegeben, so dass andere sich seiner bedienen können. Der Autor verfügt nicht mehr über den Text.[6] Er gibt ihn frei, muss ihn freigeben und im Falle Foucaults tut er das auch freigiebig:

> »Alle meine Bücher [...] sind, wenn Sie so wollen, kleine Werkzeugkisten. Wenn die Leute sie aufmachen wollen und diesen oder jenen Satz, diese oder jene Idee oder Analyse als Schraubenzieher verwenden, um die Machtsysteme kurzzuschließen, zu demontieren oder zu sprengen, einschließlich vielleicht derjenigen Machtsysteme, aus denen diese meine Bücher hervorgegangen sind – nun gut, umso besser.«[7]

F. Ewald sieht gerade in einer selbstreflexiven, einer aneignenden Haltung bei der Lektüre Foucaults, in einer Alienation seines Werks die rechte Art der Foucaultlektüre.

> »Warum sollte man Foucault lesen? Nicht, um die Wahrheit über ihn zu sagen. Viel eher, um uns selbst zu denken und uns anders zu denken. Denn Foucault ist nur in dem Maße interessant, als er anders ist. Man muß ihn daher auf eine Art und

---

5 Engemann, Wilfried: Semiotische Homiletik. Prämissen – Analysen – Konsequenzen (THLI Bd. 5), Tübingen/Basel 1993, 147.

6 Barthes, Roland: Die Lust am Text, Frankfurt a. M. [8]1996, 43: »Als Institution ist der Autor tot: als juristische, leidenschaftliche, biographische Person ist er verschwunden; als Enteigneter übt er gegenüber seinem Werk nicht mehr die gewaltigen Vaterrechte aus, von denen die Literaturgeschichte, der akademische Unterricht und die öffentliche Meinung immer wieder zu berichten hatten.«

7 Foucault, Michel: Mikrophysik der Macht. Über Strafjustiz, Psychiatrie und Medizin, Berlin 1976, 53; den Fund der Textstelle verdanke ich: Döbert, Marcus: Posthermeneutische Theologie. Plädoyer für ein neues Paradigma (ReligionsKulturen Bd. 3), Stuttgart 2009, 226.

> Weise lesen, die ihn so verschieden wie nur irgend möglich macht. Dann erst ist er wirklich erhellend, und dann erst erscheint das Charakteristische unserer Gegenwart.«[8]

Es geht also um Foucault, und es geht auch nicht um Foucault. Das hier vorliegende Buch versteht sich durchaus als eine Foucault-Exegese. Foucault wird oft und lang zitiert und analysiert. Man kann durchaus sagen, dass Foucault hier zur Sprache kommt. Das Interesse, der Blickwinkel ist aber andererseits einer, der Foucaults Gedanken für etwas anderes gebrauchen möchte – nachdem diese Gedanken hoffentlich auch für sich ein Stück weit durchdrungen wurden. Seine Analysen der Macht und der panoptischen Herrschaftsentfaltung bieten ein gutes Instrumentarium zur Analyse dessen, was heutzutage im Bildungssektor (wie man so schön sagt, offensichtlich eine Enklave der Welt, ein Sektor, gefährlich zu betreten) geschieht. Deswegen werden in diesem Buch die pädagogischen Rezeptionen Foucaults und das Licht, das diese auf den gegenwärtigen Bildungsbetrieb werfen, aus theologischer Sicht wahrgenommen und nutzbar gemacht.

Der französische Philosoph gehört zu den sicherlich eher wenig in der evangelischen Theologie rezipierten Denkern,[9] weil sein Denken auf Anhieb theologisch viel

---

8 So François Ewald, Mitherausgeber der »Dits et Ecrits«. Zitiert nach Balzer, Nicole: Von den Schwierigkeiten, nicht oppositional zu denken. Linien der Foucault-Rezeption in der deutschsprachigen Erziehungswissenschaft, in: Ricken, Norbert/Rieger-Ladich, Markus (Hg.): Michel Foucault: Pädagogische Lektüren, Wiesbaden 2004, 15–35, hier: 15.

9 Dies gilt zumindest im Bereich der deutschsprachigen evangelischen Theologie. Im Bereich der reformierten Theologie in Südafrika wird Foucault im Blick auf Machtverhältnisse und Befreiung im Land seit einigen Jahren intensiver rezipiert.

weniger anschlussfähig erscheint als das von Denkern wie Levinas, Girard, Vattimo und anderen, die sich in stärkerem Maße auf religiöse Themen beziehen. Zwar hat sich auch Foucault mit Religion auseinandergesetzt; allerdings erfolgt diese Auseinandersetzung bei ihm stark historisch orientiert. Dabei kommen die reformatorischen Kirchen kaum in den Blick. In erster Linie widmet sich Foucault tatsächlich einer Betrachtung der (römisch-)katholischen Kirche. Er spricht Fragen von Pastoralmacht und Sexualität an, die im evangelischen Kontext oft weniger als Problem angesehen werden, weil man sich im Gegenüber zur katholischen Kirche als liberaler betrachtet und die von Foucault angesprochenen Probleme schweigend der römischen Kirche zuweist.[10] In der katholischen Theologie gibt es auch tatsächlich eine stärkere Auseinandersetzung mit Foucaults Konzept von Pastoralmacht und den Implikationen, die sich für heutige pastorale Praxis daraus ergeben.[11]

Machtfragen sind weder in der evangelischen Kirche noch in der evangelischen Theologie verbreitetes Thema,

---

10 Eine erste, intensiv Foucault rezipierende Arbeit, die sich mit den Gouvernementalitätspraktiken der evangelischen Kirche auseinandersetzt, ist: Klostermeier, Birgit: Das unternehmerische Selbst der Kirche. Eine Diskursanalyse (Praktische Theologie im Wissenschaftsdiskurs 10), Berlin/New York 2011.

11 Die theoretischen Grundlagen ihres Arbeitens sichern Rolf Schieder und Marcell Saß unter Bezug auf Foucaults Diskursverständnis ab, Schieder, indem er Religionsdefinitionen als Religionszuschreibungspraxis begreift, Saß, indem er das Vorkommen bestimmter Aussagen gegenüber dem Ausschluss anderer möglicher Aussagen im Sinne der Foucaultschen Diskursanalyse betrachten will. Vgl. Schieder, Rolf: Wieviel Religion verträgt Deutschland?, Frankfurt a. M. 2001, insb. 77–81, Saß, Marcell: Schulanfang und Gottesdienst. Religionspädagogische Studien zur Feierpraxis im Kontext der Einschulung (AzPrTh Bd. 45), Leipzig 2010, 217.

was überrascht, da sich ja in praxi in den Institutionen Kirche und Universität nahezu alles darum dreht.[12] Zu tief aber sitzt das Verständnis eigenen Tuns als »Dienst«, als dass man Machtfragen explizit zum Thema machte. Macht wollen immer nur die anderen. Sich auf die Frage nach Macht zu besinnen, mag eigentümlich erscheinen in einer Zeit, in der – zumindest in Mitteleuropa – Entscheidungen demokratisch herbeigeführt werden und die Rede von Verantwortung und die Frage, wie diese wahrgenommen wird, dominieren. Die Behauptung, im deutschen Bildungssystem gehe es um Machtfragen, scheint auf Anhieb ungehobelt daherzukommen und die aktuellen Debatten zu unterlaufen. Denn reden wir nicht tagein tagaus von

12 Die abnehmenden Finanzmittel verschärfen dies natürlich in den letzten Jahren noch erheblich. Dass es in der Kirche immer auch um Macht geht, dass Macht aber nicht an sich verteufelt werden darf, hat Manfred Josuttis schon 1993 entfaltet. Josuttis, Manfred: Petrus, die Kirche und die verdammte Macht, Stuttgart 1993, 7 und 41: »In der Kirche herrscht Angst vor der Macht. Viele Phantasien und Gefühle, die das christliche Bewußtsein in früheren Zeiten mit der Sexualität verknüpft hat, sind gegenwärtig in diese Lebenssphäre herübergewandert. Macht ist schmutzig und wirkt deshalb unrein. Macht ist vom Übel und muss deshalb möglichst gemieden werden. [...] Und wer sich, weil es nicht anders geht, in Machtpositionen begibt und auf Machterfahrungen einläßt, darf dabei auf keinen Fall Lust empfinden. [...] [Aber:] Macht ist weder aus psychischen Entwicklungsprozessen noch aus sozialen Fehlkonstruktionen eindeutig ableitbar. Macht ist selbst eine Macht. Das meint: Macht entsteht nicht als Folge individueller Konflikte, sondern ist ihnen, als Anlaß oder Ursache, immer schon vorgegeben. Macht ist ein Urphänomen des Lebens, das nicht durch Aktivitäten von Lebewesen geschaffen wird, sondern das diese Aktivitäten ermöglicht und auslöst. Leben präsentiert sich in Machtfeldern, die von einer eigentümlichen Dynamik durchzogen sind.« Josuttis formuliert hier sicherlich stärker ontologisch als Foucault (den Josuttis im Übrigen nicht rezipiert), der eher von machtförmigen Beziehungen sprechen würde als von Macht im Sinne einer dahinterliegenden Ursache von Geschehen.

Selbststeuerung und individuellem Lernen? Foucaults Denken vermag Hilfe zu leisten beim Bemühen, hinter diese Begrifflichkeiten zu fragen, zu analysieren, welche – alles andere als freiheitsfördernden – Tendenzen und Absichten hier eigentlich zu Grunde liegen.

Michel Foucault lenkt den Blick darauf, dass jede Kommunikation und jede Gesellschaft immer schon von Macht durchdrungen sind, ja, sich erst durch Machtspiele überhaupt realisieren. Immer geht es darum, bestimmte Ideen, Interessen, Vorstellungen zu artikulieren und zu realisieren. Macht kann verstanden werden als das Realisierungsverhältnis von Einflüssen, um die Durchsetzung des einen gegenüber dem anderen. Aus Foucaults Perspektive erscheint dies immer schon als ein unvermeidbares Konstitutivum gesellschaftlicher Kommunikation. Jean-François Lyotard hat das aus sprachphilosophischer Perspektive sogar zu einer Art Agonistik der Sätze ausgeweitet, deren Verkettung stets ein Ringen der möglichen Fortsetzung des Sprachgeschehens bedeute.

> »Es geschieht ein Satz. Wie wird sein Schicksal sein, welchem Zweck wird er untergeordnet werden, in welcher Diskursart wird er Platz finden? Kein Satz ist der erste. Das bedeutet nicht nur, daß andere ihm vorausgehen, sondern auch, daß sich Verkettungsmodi, die in den vorhergehenden Sätzen impliziert und folglich möglich sind, anschicken, diesen Satz zu vereinnahmen und ihn in die Verfolgung eines Spieleinsatzes einzuschreiben, sich mittels seiner zu aktualisieren. [...] Die Vielfalt von Spieleinsätzen, die mit der Vielfalt der Diskursarten einhergeht, bewirkt, daß jede Verkettung zu einer Art ›Sieg‹ der einen über die anderen wird.«[13]

13 Lyotard, Jean-François: Der Widerstreit. Mit einer Bibliographie zum Gesamtwerk Lyotards von Reinhold Clausjürgens (Supplemente Bd. 6), 2., korrigierte Aufl., München 1989 (1987) (franz. 1983), 227 (Abschnitt 184).

Problematisch wird es da, wo Macht in *Herrschaft* übergeht, wo der eine Machteinfluss dem anderen keinen Raum mehr lässt zum Bestehen und gegebenenfalls zum Widerstand, da, wo der andere »nichts mehr zu sagen hat«. Spätestens hier wird dann auch theologische Einrede nötig.

Neben dem notwendigen Rekurs auf die Frage von Macht und Herrschaft finden auch die Überlegungen des späten Foucault zur »Selbstsorge« im Anschluss an die antike Philosophie noch zu wenig Anklang bei einem Denken, das behauptet, darauf Wert zu legen, in erster Linie den Nächsten im Blick zu haben. Das Reflektieren und Formen des eigenen Selbst aber muss als notwendige Voraussetzung *für* den Umgang und *im* Umgang mit dem Nächsten bedacht werden.

Das Denken Foucaults kann helfen, blinde Flecke in der eigenen Selbstwahrnehmung zu beheben. Es erweist sich aber auch als nützlicher Verbündeter einer religionspädagogischen Durchdringung gegenwärtiger Entwicklungen, weil es Machtstrukturen durchschaubar macht, denen sich religionspädagogisches Denken gemäß seinem Auftrag nicht einfach ausliefern darf.

Eine besondere Herausforderung für theologisches Denken entsteht hier insofern, als sich mit Foucault zeigen lässt, wie Strategien der mittelalterlichen Pastoralmacht in die gouvernementalen Strategien nach der Aufklärung überführt werden. Strategien staatlicher Machtdurchsetzung durch offenkundige gewalttätige Disziplinierung werden ersetzt durch Strategien der inneren Seelenleitung, die man von der Kirche übernimmt und auf säkulare Ziele innerhalb des polit-ökonomischen Dispositivs anwendet. Dies muss von theologischer Seite Widerstand herausfordern. Entweder erscheint dies nötig, weil man im Gefolge einer Unterscheidung von zwei Regimenten, wie sie in der lutherischen Theologie erfolgt, hier eine unzulässige Grenzüberschreitung sehen muss: Der Eingriff in die innere Seelenführung bemächtigt sich des Menschen als Ganzem und lässt jenseits der Erfüllung gesellschaftlich notwendiger Aufgaben für Gedanken- und Glaubensfreiheit keinen Raum mehr. Aber auch aus der eher reformierten Perspektive einer unteilbaren Wirklichkeit, die als Ganze unter dem Anspruch Christi und des Evangeliums steht, wird man einen Eingriff, der so tief in das Seelenleben der Menschen dringt, wie dies bei einer die säkularen Institutionen ergreifenden Pastoralmacht polit-ökonomischer Provenienz heute der Fall ist, die Gefahr einer »einzige[n] und totale[n] Ordnung menschlichen Lebens« sehen müssen.[14]

Im machtkritischen Denken Foucaults beginnt bereits eine Praxis des Widerstands, der sich ein religionspädagogisches und theologisches Denken verbunden weiß, das sich nicht einfach goldenen Kälbern unterwirft, die zweifelhafte Orientierung verheißen. Die stets bedrohte Freiheit des Subjekts im Kampf der unterschiedlichen Mächte würde so preisgegeben. Die Theologie und die Philosophie Foucaults können einen gemeinsamen Interessenshorizont in der Sorge um einen verantworteten Machtgebrauch im Interesse eines freien menschlichen Selbst ausmachen, wie z. B. Kolf van Melis im Vergleich zwischen Rahner und Foucault herausarbeitet:

> »Rahner wie Foucault reflektieren Macht in Bezug auf die Freiheit des Subjekts und stellen ein gegenseitiges Bedingungsverhältnis fest: Freiheit ist eine Voraussetzung jeder Machtausübung, zugleich markiert die subjektive Freiheit, die

14 So die Formulierung der Barmer Theologischen Erklärung.

> von Macht eingeschränkt werden kann, die Notwendigkeit eines ethischen Nachdenkens über die Anwendung von Macht und ihre Grenze zu Herrschaft und Gewalt. Sowohl Rahner als auch Foucault geht es nicht um eine Ablehnung der dem Subjekt zukommenden Macht, sondern um eine Reflexion ihres philosophisch-ethisch bzw. theologisch-christlich verantwortungsvollen Gebrauchs, der den Subjektstatus der Beteiligten berücksichtigt.«[15]

Und auch das Selbstsorge-Konzept, wie es bei Foucault in den Blick kommt, widerspricht nicht christlicher Ethik, sondern verweist auf eine Sorge um das Subjekt, das nur als in bestimmter Weise gebildet und im Sich-Bilden begriffen nicht zum Objekt eines zweckrationalen Denkens wird.

> »Das Denken Michel Foucaults ist von seinem Beginn an auf das *Tun der Wahrheit*, auf ein praktisches Wissen gesammelt. Dies verbindet ihn in besonderer Weise mit dem Christentum, da auch hier die Wahrheit getan werden will.«[16]

---

15 Kolf-van Melis, Claudia: Tod des Subjekts? Praktische Theologie in Auseinandersetzung mit Michel Foucaults Subjektkritik (Praktische Theologie heute Bd. 62), Stuttgart 2003, 257.

16 Ruhsdorfer, Karlheinz: Konversionen. Eine Archäologie der Bestimmung des Menschen bei Foucault, Nietzsche, Augustinus und Paulus, Paderborn u. a. 2004, 55. Wie stark theologisches Denken eine Aversion gegen die Selbstsorge aufweist, zeigt exemplarisch die (nicht zu Unrecht) viel gelobte ökumenische Denkschrift der Kirchen zu Wirtschaftsfragen von 1997: Gerechtigkeit als Herausforderung für das Handeln der Kirche in der Gegenwart zwischen Anspruch und Wirklichkeit: »Für eine Zukunft in Solidarität und Gerechtigkeit«, Wort des Rates der Evangelischen Kirche in Deutschland und der Deutschen Bischofskonferenz zur wirtschaftlichen und sozialen Lage in Deutschland, 1997, Kap. 3, Pkt. 94: »Weil die Menschen in Jesus Christus bereits erlöst sind, brauchen sie sich in ihrer Lebens- und Weltgestaltung nicht selbst zu erlösen. Das befreit zu einem Handeln, das nicht länger der Sorge um sich selbst und der Absicherung durch Macht verpflich-

Dass ein Votum, wie es Karlheinz Ruhsdorfer emphatisch vorträgt, nicht lediglich eine Äußerlichkeit benennt, die sich auch an vielen anderen Philosophen und Denkern aufzeigen ließe, muss sich auch inhaltlich ausweisen lassen. Die besondere Parallele, die das Foucaultsche »Tun der Wahrheit« mit dem christlichen Tun der Wahrheit verbindet, liegt in der Vorläufigkeit bzw. kritischen Sicht des Handelns, das stets unter dem eschatologischen Vorbehalt steht. Das christliche Handeln ist stets ein aus dem im Christusereignis angelegten »schwachen Denken«[17] resultierendes Handeln unter Vorbehalt, so wie das Fou-

---

tet ist, sondern den Anforderungen der Sache und dem gegenseitigen Dienst. Der christliche Glaube lebt von der Hoffnung auf die neue Schöpfung, in welcher alle Tränen abgetrocknet, Klage, Trauer und Mühsal nicht mehr sein werden (Offb 21,4). Menschen können dieses Reich Gottes nicht ›machen‹. Den Perfektionszwängen und Überforderungen ist damit der Abschied gegeben. Die christliche Hoffnung macht fähig, im Raum des Vorletzten das, was unvollkommen bleibt, auszuhalten und zu würdigen. Sie gibt keine detaillierten Handlungsanweisungen, sie nimmt aber in Verantwortung für die Welt und den Menschen.«

Positiv gewertet wird hier das Engagement für andere. Sorge um sich selbst und Absicherung der Macht stehen unter dem Verdikt der Selbsterlösung. Die Sorge um sich selbst aber müsste der Sorge um andere gleichgestellt sein, wenn man das Wort Jesu, das er aus Lev. 19,18 aufnimmt, ernst nimmt: »Liebe deinen Nächsten wie dich selbst.« Ohne ein Bemühen um sich selbst, um das eigene Leben und Handeln, wird die Fürsorge für den Nächsten keine Basis haben. Und ob man auf »Absicherung durch Macht« im Bereich des »Vorletzten« gänzlich verzichten kann, muss doch als sehr fraglich angesehen werden. *Wie* man solche Sorge und Absicherung gestaltet, ist demgegenüber die interessantere Frage. Auch wenn hier vielleicht eine destruktive Abirrung solcher Sorge und Absicherung den Subtext bildet, macht doch gerade diese begriffliche Unterstellung nachdenklich.

17 Vgl. Vattimo, Gianni: Glauben – Philosophieren, Stuttgart 1997 (ital. 1996), ders.: Jenseits des Christentums. Gibt es eine Welt ohne Gott?, München/Wien 2004.

caultsche Denken ein Handeln herausfordert, das Oszillationräume der Macht, Beweglichkeit und Freiheit der Subjekte befördert.

Diese Freiheitsräume sind immer nur begrenzt. Aber das ist in einer theologischen Perspektive, die von einer Unterscheidung zwischen Letztem und Vorletztem her argumentiert auch gar nicht anders denkbar.

Zu einer solchen Unterscheidung zwischen dem Letzten und dem Vorletzten weiß sich Religionspädagogik in besonderer Weise herausgefordert. Sie nimmt diese Unterscheidung auf, um Machtansprüche aufzuzeigen, die das Subjekt – um dessen Bildung es ihr geht – binden und gefangen nehmen. Um des freien und verantwortlichen Menschen willen betreibt sie ihre Sache und wendet sich dem Subjekt in seinen Bezügen zu. Hieraus ergeben sich ethische Perspektiven für den Religionsunterricht. Gegen Ende seines Lebens beschäftigte sich Foucault mit der Philosophie des Sokrates, Platons, der Stoa und des Kynismus. Haben diese der Religionspädagogik etwas zu sagen? Foucaults Auseinandersetzung mit diesen Denkern, die ja das Denken dieser Denker aus dessen Sicht – subjektiv und interessengeleitet – wiedergibt, hat für die Religionspädagogik und den Religionsunterricht durchaus einiges zu bedeuten.

2 WISSEN UND MACHT

Wissen produziert Macht. Wer über ein bestimmtes Wissen verfügt, vermag mit diesem Wissen etwas zu tun, Wirklichkeit zu gestalten, eventuell Profit zu erzielen. Allerdings ist das Subjekt gegenüber dem Machtsystem nicht frei. Das Subjekt kann sich nicht einfach irgendein Wissen, eine Einsicht, eine Fähigkeit aneignen, ohne dass hier schon Bezüge zu der Macht bestünden, die reguliert, was überhaupt als Wissen zu gelten hat. Jede neue Erkenntnis ist immer schon von einem Komplex von Macht und Wissen bestimmt.

> »Eher ist wohl anzunehmen, daß die Macht Wissen hervorbringt (und nicht bloß fördert, anwendet, ausnutzt); daß Macht und Wissen einander unmittelbar einschließen; daß es keine Machtbeziehung gibt, ohne daß sich ein entsprechendes Wissensfeld konstituiert. Diese Macht/Wissen-Beziehungen sind darum nicht von einem Erkenntnissubjekt aus zu analysieren, das gegenüber dem Machtsystem frei oder unfrei ist. Vielmehr ist in Betracht zu ziehen, daß das zu erkennende Subjekt, das zu erkennende Objekt und die Erkenntnisweisen jeweils Effekte jener fundamentalen Macht/Wissen-Komplexe und ihrer historischen Transformationen bilden. Es ist also nicht so, daß die Aktivität des Erkenntnissubjekts ein für die Macht nützliches oder gefährliches Wissen hervorbringt; sondern die Formen und Bereiche der Erkenntnis werden vom Komplex Macht/Wissen, von den ihn durchdringenden und konstituierenden Prozessen und Kämpfen bestimmt.«[18]

Ist Wissen Macht? Oder ist es so, dass Macht definiert, was Wissen ist? Beides ist zutreffend. Was in einer Gesellschaft

18 Foucault, Michel: Überwachen und Strafen. Die Geburt des Gefängnisses, Frankfurt a. M. 1994, 39 f.

als relevantes Wissen gilt, bewegt sich stets innerhalb eines Dispositivs, das solches festlegt.
Ein Dispositiv ist zu beschreiben als

> »[…] heterogene Gesamtheit, bestehend aus Diskursen, Institutionen, architektonischen Einrichtungen, reglementierenden Entscheidungen, Gesetzen, administrativen Maßnahmen, wissenschaftlichen Aussagen, philosophischen, moralischen und philanthropischen Lehrsätzen, kurz Gesagtes ebenso wie Ungesagtes, das sind die Elemente des Dispositivs. Das Dispositiv selbst ist das Netz, das man zwischen diesen Elementen herstellen kann.«[19]

Dieses Dispositiv wird in irgendeiner Weise in Funktion gesetzt und stabilisiert. Wenn es gut funktioniert, stabilisiert es sich schließlich durch Ausschlussfunktionen von Wissen und Unwissen (eine binäre Logik) selbst. Dass dahinter eine Macht stecke, im Sinne einer ontologischen Steuerungsinstanz wird man eher verneinen müssen. Das Dahinter ist eher ein Darin, ein »In-den-Strukturen«, »In-den-Bewertungen«. Insofern kann man von Dispositiven der Macht sprechen. Das heißt nicht, dass man nicht auch nach den Interessen und Aktanten dahinter fragen müsste. Aber diese Frage macht erst dann Sinn, wenn man an die Bruchstellen des Systems, des Dispositivs gelangt, da, wo unterschiedliche Subsysteme aneinandergeraten, da gibt es insofern ein Dahinter, als hier eines in das andere greift: Das eine Interesse langt hinüber in einen anderen Bereich und wird damit als Dahinter erkennbar. Das Dispositiv aber umfasst beides.

Was also konstituiert heute die Bedingungen von Wissen, wie bestimmt sich gesellschaftlich, was Wissen sei? Die Antwort ist trivial und liegt auf der Hand. Wissen ist

19 Foucault, Michel: Das Spiel des Michel Foucault (1977), in: ders: Schriften III, 391–429, hier: 392.

zum Zulieferer von Ökonomie geworden. Der 2005 von BASF, Bosch, Fischer, Follmann, KSB, ThyssenKrupp, TRUMPF, Voith und Wall gegründete, inzwischen mehr als hundert Unternehmen umfassende, »gemeinnützige« Verein »Wissenfabrik. Unternehmen für Deutschland« bringt seine Interessen und Vorgehensweise klar auf den Punkt:

> »Wir wollen grundlegende Reformen voranbringen und mit konkreten Praxisbeispielen zeigen, wie Bildung und Unternehmertum in Deutschland zukunftstauglich werden können. Deswegen bringen wir uns in die öffentliche Debatte ein und führen unterschiedliche gesellschaftliche Akteure zusammen. Eine offene und zielgerichtete Kommunikation – innerhalb unseres Netzwerks und darüber hinaus – ist daher ein wesentlicher Erfolgsfaktor unserer Arbeit.
>
> In der Diskussion um den Bildungs- und Unternehmensstandort Deutschland sind wir eine vernehmbare Stimme der Wirtschaft, die auf höchsten politischen Ebenen Gehör findet. So haben wir zum Start unseres Bildungsdialogs im Jahr 2008 dem Bundespräsidenten die ›Wünsche der Wirtschaft für eine bessere Bildung‹ übergeben.«[20]

Zwar umfasst das Programm der Initiative auch ein »Leuchtturmprojekt Erzählwerkstatt« für die KiTa, das »sprachliche Ausdrucksfähigkeiten fördern und einen Beitrag zur Wertevermittlung leisten«[21] soll, aber um welche Werte es sich handelt, bleibt unklar, und die Betonung liegt deutlich auf einer Ökonomisierung von Bildung. Schulische Ausbildung dient in erster Linie der Berufsvorbereitung:

> »Mit unseren Leuchtturmprojekten im Bereich Wirtschaft wollen wir dazu beitragen, die Distanz zwischen Schule und Arbeitswelt zu verringern. Für die Kinder sollen betriebliche Abläufe

---

20 https://www.wissensfabrik-deutschland.de/portal/fep/de/dt.jsp?set Cursor=1_450144 (4.5.2013).

21 https://www.wissensfabrik-deutschland.de/portal/fep/de/dt.jsp?set Cursor=1_443710 (4.5.2013).

erfahrbar und wirtschaftliche Zusammenhänge anschaulicher werden. So wächst das Verständnis dafür, dass die schulische Ausbildung direkt etwas mit der späteren Berufsausübung zu tun hat und sie vorbereitet.«[22]

Der Verein dient als Beispiel. Es gibt inzwischen eine Vielzahl unterschiedlichster Wirtschaftsinitiativen, die – nicht ohne Zeichen bildungsfördernder Mildtätigkeit, aber natürlich in erster Linie von ökonomischen Eigeninteressen gesteuert – in den Bildungssektor eingreifen. Damit gerät dieser immer stärker in ein von Drittmitteldiskussionen bestimmtes Fahrwasser, was an den Universitäten bereits besorgniserregende Folgen im Blick auf die »Freiheit« der Forschung hat und sich nun zunehmend in die Schulen hinein fortsetzt. Fördermittel bekommt eben nur der von Unternehmen, der z. B. deren Tabletcomputer im Unterricht einsetzt. Für wen der Leuchtturm dann leuchtet oder ob es sich um die Leuchtfeuer von Riffpiraten handelt, bleibt zu fragen. Freiheit von Forschung und Lehre sind ein hohes Gut, das sich eine Gesellschaft nicht einfach durch Wirtschaftsunternehmen aus der Hand nehmen lassen darf.

2.1 Liberalistisches Denken: Erfolg statt Legitimation

Bevor man auf Entwicklungen im Bildungsbetrieb im engeren Sinne zu sprechen kommt, lohnt es sich, den Umschwung in den Blick zu nehmen, wie er sich von der Mitte des 18. Jahrhunderts an in Hinsicht auf Begründungsstrukturen staatlicher Macht vollzieht.

22 https://www.wissensfabrik-deutschland.de/portal/fep/de/dt.jsp?set Cursor=1_443717 (4.5. 2013).

Waren im Mittelalter die Macht des Herrschers, die Armee und die Rechtsprechung untrennbar miteinander verbunden, so kommt im 16. und 17. Jahrhundert eine Opposition gegen diesen Komplex auf, die die Herrschaftspraxis des Herrschers misst und kritisiert anhand von Vorgaben, die so unveränderlich sind wie die Macht des Herrschers selbst.

»[...] Sie erinnern sich, was diese neue Regierungsrationalität auszeichnete, die man Staatsräson nennt und die sich grob gesagt im Laufe des 16. Jahrhunderts konstituiert hatte, war, daß der Staat dort als eine Wirklichkeit geschildert und bestimmt wurde, die zugleich spezifisch und autonom oder zumindest relativ autonom ist. Das bedeutet, daß der Regierende des Staats natürlich eine gewisse Zahl von Prinzipien und Regeln respektieren muß, die den Staat überragen oder ihn beherrschen und die ihm äußerlich sind. Der Regierende muß die göttlichen, moralischen, natürlichen Gesetze beachten, Gesetze, die weder mit dem Staat homogen noch ihm wesentlich sind.«[23]

Der Regierungsmacht stehen mithin Argumente gegenüber, zu denen sie sich zu verhalten und gegenüber denen sie sich bzw. ihre Entscheidungen zu legitimieren hat. Insbesondere die Rechtsprechung vollzieht die Entwicklung von einem Instrument der Regierungsausübung zu einem Korrektiv der Regierungsmacht.

»Die Praxis der Rechtsprechung war der Multiplikator der königlichen Macht während des ganzen Mittelalters. Als sich nun seit dem 16. und vor allem seit dem Beginn des 17. Jahrhunderts

23 Foucault, Michel: Die Geburt der Biopolitik. Geschichte der Gouvernementalität II, Vorlesung am Collège de France 1978–1979, Frankfurt a. M. 2004, 17. Die außenpolitischen Implikationen dieser Denkbewegungen und -veränderungen, wie Foucault sie beschreibt, werden hier nicht in den Blick genommen, da sie im Rahmen des Themas abführen.

diese neue Regierungsrationalität zu entwickeln beginnt, dient das Recht dagegen jedermann als Angelpunkt, der auf die eine oder andere Weise diese unbestimmte Ausdehnung einer Staatsräson begrenzen möchte, die im Polizeistaat Gestalt annimmt. Die Theorie des Rechts und die Institutionen der Rechtsprechung dienen jetzt nicht mehr als Multiplikatoren, sondern im Gegenteil als Subtrahenden der königlichen Macht. Und deshalb sieht man seit dem 16. und während des ganzen 17. Jahrhunderts die Entwicklung einer ganzen Reihe von Problemen, Polemiken, politischen Kämpfen, die sich beispielsweise um die Grundgesetze des Königreichs drehen, jene Grundgesetze des Königreichs, die die Juristen in gewisser Weise der Staatsräson entgegenhalten, indem sie sagen, daß keine Regierungspraxis und keine Staatsräson ihre Infragestellung rechtfertigen kann. [...] Das Recht, das durch diese Grundgesetze konstituiert wird, erscheint so als außerhalb der Staatsräson stehend und als Prinzip jener Begrenzung.«[24]

Es gibt also natürliche und rechtliche Grenzen der Regierungsmacht. Und mithin sind ihre Ziele und die Strategien ihrer Durchsetzung nicht egal, sondern stets Kritik und Beurteilung unterworfen. Nicht alles, was der Staatsräson dient, ist legitim, und Legitimität unterstützt nicht automatisch Regierungsoption und Machtinteresse.

In der Mitte des 18. Jahrhunderts ereignet sich nun eine entscheidende Verschiebung dieser Machtkonstellation, die durch ein Gegenüber von Staatsräson und (juristischer) Legitimation gekennzeichnet ist. Das Gegenüber der Staatsräson verschwindet, wird in die Regierungslogik selbst aufgenommen. Die Frage nach der Legitimität von Regierungsentscheidungen, ihrer Rechtfertigung gegenüber einer Außeninstanz wird abgelöst durch eine reine Erfolgslogik.

---

24 Foucault: Die Geburt der Biopolitik, 22.

> »Nun möchte ich ungefähr bis zur Mitte des 18. Jahrhunderts zurückgehen [...]. Ich möchte ungefähr auf diese Zeit zurückgehen, und da, glaube ich, kommt man nicht umhin, einen wichtigen Wandel festzustellen, der meiner Meinung nach auf allgemeine Weise das charakterisiert, was man die moderne gouvernementale Vernunft nennen könnte. Worin besteht dieser Wandel? Nun, kurz gesagt, er besteht in der Einrichtung eines Prinzips zur Begrenzung der Regierungskunst, das dieser nicht mehr äußerlich sein soll, wie es das Recht im 17. Jahrhundert war, [sondern] das ihr wesentlich sein soll. Eine interne Regelung der gouvernementalen Vernunft.«[25]

Das äußerliche Korrektiv verschwindet und wird durch eine innere Logik der Regierungsbegrenzung ersetzt. Neben anderen Charakteristika resultiert diese Begrenzung weder aus den Menschen- bzw. Naturrechten noch aus göttlichen Gesetzen oder einem Gesellschaftsvertrag. Es ist vielmehr der Logik des Regierens vollkommen inhärent.

> »Drittens bedeutet innere Begrenzung, daß man ihren Ursprung – da man ja gerade wissen muß, worauf sich diese Allgemeinheit gründet – nicht in etwas suchen soll, was beispielsweise die von Gott allen Menschen vorgeschriebenen Naturrechte wären, nicht in einer geoffenbarten Schrift, nicht einmal im Willen der Untertanen, die zu einem bestimmten Zeitpunkt übereingekommen sind, eine Gesellschaft zu bilden. Nein, der Ursprung dieser Begrenzung soll nicht in dem gesucht werden, was der Regierung äußerlich ist, sondern in dem, was der Regierungspraxis wesentlich ist, d. h., man muß den Ursprung in den Zielen der Regierung suchen. Und diese Begrenzung wird sich dann als eines der Mittel darstellen, und vielleicht als das grundlegendste Mittel, gerade diese Ziele zu erreichen. Um diese Ziele zu erreichen, muß möglicherweise das Handeln der Regierung begrenzt werden.«[26]

---

25 Foucault: Die Geburt der Biopolitik, 25.

26 Foucault: Die Geburt der Biopolitik, 26 f.

Zum einen wird Regierungshandeln also nur noch unter dem Aspekt der Begrenzung gesehen. Das Regierungshandeln muss sich stets den inhärenten Notwendigkeiten des Regierens anpassen und diese liegen in der Beförderung der Ökonomie durch weitestmögliche Begrenzung. Zum Zweiten zeigt sich hier ein Monismus. Dem ökonomisch orientierten Regierungshandeln steht kein Korrektiv mehr gegenüber. Es gibt keine Argumente theologischer, philosophischer, anthropologischer oder soziopolitischer Art, die gegenüber der Verschränkung von Regieren und Ökonomie Geltung beanspruchen könnten.[27] Dieser Monismus wird dann in der ökonomisch-monistischen Weltsicht des amerikanischen Neoliberalismus seine konsequente Fortsetzung finden[28] und in gewisser Weise zum Vorbild eines kompetenz-ökonomistischen Bildungsverständnisses werden.

Die Frage nach Legitimität oder Illegitimität einer politischen Entscheidung jedenfalls besitzt seit dem Aufbruch des Liberalismus ideologisch keine Begründungsperspektive

27 Der philosophische Haupttheoretiker der Postmoderne, Lyotard, Jean-François: Das postmoderne Wissen. Ein Bericht, Wien [2]1993 (franz. 1979), 135, schreibt hierzu: »Die Erbringung des Beweises, im Prinzip nur Teil einer Argumentation, die selbst bestimmt ist, die Zustimmung der Empfänger der wissenschaftlichen Nachricht zu erreichen, gerät so unter die Kontrolle eines anderen Sprachspiels, wo der Einsatz nicht die Wahrheit, sondern die Performativität ist, das heißt das bessere Verhältnis von Input/Output. Der Staat und/oder das Unternehmen geben die Erzählung der idealistischen oder humanistischen Legitimierung auf, um den neuen Einsatz zu rechtfertigen: Im Diskurs der stillen Teilhaber von heute ist der einzig kreditwürdige Einsatz die Macht [*puissance*]. Man kauft keine Gelehrten, Techniker und Apparate, um die Wahrheit zu erfahren, sondern um die Macht zu erweitern.«

28 Vgl. hierzu: Foucault: Die Geburt der Biopolitik, 300 ff.

nach außen mehr. Die Forderung nach Erfolg bzw. Effizienz ersetzt die Frage nach der Legitimität des Handelns.

> »Schließlich besteht der letzte Punkt, der erklärt, wie und warum die politische Ökonomie sich als maßgebliche Form dieser neuen selbstbegrenzenden gouvernementalen Vernunft darstellen konnte, darin, daß, wenn es eine Natur gibt, die der Gouvernementalität, ihren Gegenständen und Handlungen eignet, dies zur Folge hat, daß die Regierungspraxis nur dann das tun können wird, was sie zu tun hat, wenn sie diese Natur berücksichtigt. Wenn sie diese Natur durcheinanderbringen sollte, wenn sie sie nicht berücksichtigen oder gegen die Gesetze handeln sollte, die durch jene Natürlichkeit der Gegenstände, die sie manipuliert, festgelegt wurden, wird das unverzüglich negative Auswirkungen für sie selbst haben, anders gesagt, es wird Erfolg oder Mißerfolg geben, Erfolg oder Mißerfolg, die nun das Kriterium des Regierungshandelns sind, und nicht mehr Legitimität oder Illegitimität. Die Legitimität wird also durch den Erfolg ersetzt.«[29]

Anforderungen der Ökonomie an das Regierungshandeln erscheinen mithin als eine Forderung nach der Berücksichtigung von Naturgesetzen. Und diese Berücksichtigung besteht am besten darin, möglichst wenig in den Ablauf dieser Naturnotwendigkeiten einzugreifen. Heute spricht man politisch gern von »alternativlos«.

Im amerikanischen Neoliberalismus des 20. Jahrhunderts schließlich wird diese Sichtweise potenziert. Der Markt verlangt von der Regierung nicht mehr nur Selbstbeschränkung, sondern wird konsequent zum Gegner jeden Regierens. Im Grunde ist diese Form des (Neo-) Liberalismus eine Form von ökonomischem Anarchismus.

---

29 Foucault: Die Geburt der Biopolitik, 34.

»Mit anderen Worten, im klassischen Liberalismus verlangte man von der Regierung, die Form des Marktes zu achten und die Marktteilnehmer handeln zu lassen. Hier kehrt man nun das Laissez-faire in eine Beschränkung des Regierungshandelns um, und zwar im Namen eines Marktgesetzes, das ermöglicht, jede Regierungshandlung einzuschätzen und zu bewerten. Das Laissez-faire wird somit umgekehrt, und der Markt ist nicht mehr ein Prinzip der Selbstbeschränkung der Regierung, sondern ein Prinzip, das man nun gegen sie wendet. Er ist eine Art von ständigem ökonomischen Tribunal gegenüber der Regierung.«[30]

In anthropologischer Hinsicht geht es darum, den Marktteilnehmern möglichst freie Unternehmensbedingungen zu schaffen, so dass sich gemäß dem Votum von Adam Smith durch die unsichtbare Hand, die im Markte wirkt, alles für alle zum Besten wenden möge. Der Mensch als Homo oeconomicus wird zum Selbstvermarkter. Alles ist Kapital. Letztlich ist der Mensch auch nur eine Form des Kapitals, das es auf dem Markt unternehmerisch und wertschöpfend einzusetzen gilt.

»Der *Homo oeconomicus* ist ein Unternehmer, und zwar ein Unternehmer seiner selbst. Und das ist so wahr, daß es praktisch der Einsatz aller Analysen der Neoliberalen sein wird, nämlich den *Homo oeconomicus* als Tauschpartner immer durch einen *Homo oeconomicus* als Unternehmer seiner selbst zu ersetzen, der für sich selbst sein eigenes Kapital ist, sein eigener Produzent, seine eigene Einkommensquelle. […] Man gelangt also zu der Vorstellung, daß der Lohn nichts anderes ist als eine Vergütung, als ein Einkommen, das einem bestimmten Kapital zugeteilt ist, einem Kapital, das man Humankapital nennen wird, insofern die Kompetenz/Maschine, deren Einkommen es ist, nicht von der menschlichen Person als ihrem Träger getrennt werden kann.«[31]

---

30 Foucault: Die Geburt der Biopolitik, 342. Vielleicht kann man hier auch eher ein »Auf-die-Spitze-Treiben« als eine Umkehrung sehen.

31 Foucault: Die Geburt der Biopolitik, 314 f.

Unternehmer ihrer selbst: Eben das ist es, wozu man Schüler heute macht. Die hässliche Seite der Aufklärung zeigt sich im religiösen Liberalismus der unsichtbaren Hand, der die Subjekte – seien es Schüler oder Unternehmer oder der Hybridtypus des lebenslang sich anzupassen lernenden Selbstausbeuters – lediglich als Handlanger braucht. Das Postulat der Steuerungsfreiheit, resultierend aus dem Vertrauen in einen vernünftigen Menschen und einen alles zum Guten lenkenden Gott, ist heute freilich zu einer Art Theodizee des Kapitalismus geworden. Wo Gott nicht reguliert – und er tut es offenkundig nicht –, da vermehrt sich das Kapital um seiner selbst willen. Geld klont sich, um es mit einer Mitchellschen Metapher zu formulieren.[32] Und das metastasenartige Ausufern des Ökonomischen in alle Gesellschaftsbereiche macht alle anderen Systeme zu subordinierten Zulieferern eines ökonomischen Hypersystems. Dies erreicht nach PISA mit aller Wucht auch den Bildungsbereich und in einer List der kapitalistischen Unvernunft kehren sich alle Therapiemaßnahmen gegen die Bildung.

2.2 Internalisierung und Verschleierung von Fremdsteuerung

Ökonomische Machtstrukturen definieren das, was als relevantes Wissen zu gelten hat – und das sind sicherlich nicht die Weisheiten von Philosophie und Theologie. Die vorläufige Duldung der Geisteswissenschaften an den Schulen

32 Vgl. Mitchell, William J. T.: Das Klonen und der Terror. Der Krieg der Bilder seit 9/11, Frankfurt a. M. 2011.

und Universitäten dient lediglich der Befriedung unbelehrbarer wertkonservativer Meinungsmacher und damit dem Standortvorteil Deutschlands. Die Umorganisation und Umdefinierung von Wissen schreitet derweil in allen Bildungsinstitutionen Deutschlands voran.

Wer aber das geforderte Wissen nicht beherrscht, der verfügt auch schnell über keine Macht mehr. Kein Wissen – keine Macht. Und eigentlich muss es in einer freien Gesellschaft um die freie Entfaltung von Machtspielen gehen. Nimmt man den Begriff der Macht in seiner engeren Bedeutung, wie Foucault ihn entfaltet, so ist er zunächst nämlich durchaus wertfrei. Macht bezeichnet eine Handlungs- oder Wirkungsstruktur im Spiel um Einfluss. Ein Leben ohne Machtstrukturen ist nach Foucault gar nicht vorstellbar. Stets geht es darum, Dinge auszuhandeln, auszuspielen, Macht zu entfalten, Einfluss zu gewinnen.

> »Wenn man von Macht spricht, dann denken die Menschen sofort an eine politische Struktur, an eine Regierung, an eine herrschende soziale Klasse, an den Herrn gegenüber dem Knecht usw. An so etwas denke ich überhaupt nicht, wenn ich von Machtbeziehungen spreche. Was ich sagen will, ist, dass in den menschlichen Beziehungen, was sie auch immer sein mögen, ob es nun darum geht, sprachlich zu kommunizieren, wie wir dies gerade tun, oder ob es sich um Liebesbeziehungen, um institutionelle oder ökonomische Beziehungen handelt, die Macht stets präsent ist: Damit meine ich die Beziehungen, in denen der eine das Verhalten des anderen zu lenken versucht. Es sind also Beziehungen, die man auf unterschiedlichen Ebenen, in verschiedener Gestalt finden kann. Die Machtbeziehungen sind mobile Beziehungen, sie können sich verändern und sind nicht ein für alle Mal gegeben.«[33]

---

33 Foucault, Michel: Die Ethik der Sorge um sich als Praxis der Freiheit (1984), in: ders.: Schriften IV, 875–902, hier: 889 f.

Machtlosigkeit stellt sich da ein, wo Macht in Herrschaft übergeht. Und das heißt, dass einer bzw. eine Kraft so dominant wird, dass sie den anderen jede Möglichkeit einer eigenen Machtentfaltung nimmt. Wenn die Möglichkeit, das Verhalten des anderen zu beeinflussen, in keiner Weise mehr gegeben ist, Beeinflussung nur noch in eine Richtung funktioniert, mithin mobile Beziehungen zu statischen erstarren, dann ist – in Foucaults Terminologie –[34] Macht in Herrschaft übergegangen.

> »Wenn es einem Individuum oder einer gesellschaftlichen Gruppe gelingt, ein Feld von Machtbeziehungen zu blockieren, sie unbeweglich und starr zu machen und jede Umkehrung der Bewegung zu verhindern – durch den Einsatz von Instrumenten, die sowohl ökonomischer, politischer oder militärischer Natur sein mögen –, dann steht man vor etwas, das man als einen Herrschaftszustand bezeichnen kann. Gewiss existieren in einem solchen Zustand die Praktiken der Freiheit nicht oder nur einseitig oder sind äußerst eingeschränkt und begrenzt.«[35]

Die Formulierungen Foucaults (»äußerst eingeschränkt«, »begrenzt«) machen deutlich, dass es sich bei der Unterscheidung zwischen Macht- und Herrschaftsstrukturen um eine quantitative Beurteilung, nicht um eine qualitative Unterscheidung handelt. Machtbeziehungen können sich also in die Richtung einer Herrschaftsstruktur verschieben, je einseitiger und begrenzter Macht realisiert werden kann.

---

34 Foucault ist hier terminologisch nicht immer völlig eindeutig. In summa seiner Überlegungen aber kommt dieser begrifflichen Unterscheidung durchaus strukturierende Bedeutung zu.

35 Foucault: Die Ethik der Sorge um sich als Praxis der Freiheit, 878.

In der derzeitigen deutschen Bildungspolitik ereignet sich deutlich eine Verschiebung in Richtung auf Herrschaftsstrukturen, die sich in der einseitigen Prägung von Denk- und Vorstellungswelten pädagogischen Arbeitens durch ein ökonomistisches Denken zeigt. Dabei ergänzen sich die Wirtschaftskraft von Unternehmensinteressen mit den autoritären Vorgabewegen von Richtlinien und Ausführungsbestimmungen durch die Landesregierungen.

> »Aus der Analyse des ökonomischen Globalisierungsprozesses wird ohne weiteres Hinterfragen dieses schon ökonomisch problematischen Prozesses abgeleitet, dass sich das Bildungswesen auf die daraus vermeintlich resultierenden Anforderungen einzustellen hätte. Bildung müsse befähigen, sich an diese Herausforderungen anzupassen, elastisch zu sein und Globalisierung nicht als Bedrohung, sondern als Herausforderung zu erleben. Um das zu erreichen, wird ein Forderungskatalog aufgestellt: englisch bereits im Kindergarten; Lehrer sollen nur befristet eingestellt und leistungsbezogen bezahlt werden; nicht nur das Abitur, sondern fächerspezifische Tests sollen die Eintrittskarte für die Hochschulen sein, mit dem besonderen Hinweis, dass diese Tests auch von privaten Testfirmen angeboten werden könnten. Man kennt Argumente wie diese bereits aus der bildungspolitischen Diskussion. Als weitere ›Rezepte‹ sind auch folgende Vorschläge bekannt: Schulen und Hochschulen bräuchten mehr Wettbewerb und Effizienz, Eigenständigkeit und Selbstverantwortung, moderne Management-Methoden, Leistungsmessungen und Evaluationen, Bildungsstandards und zentrale Prüfungen, Sprachtests im Vorschulalter, Entrümpelung der Lehrpläne, Verkürzung der Schulzeit, Wirtschaftskenntnisse für alle, neue Lernformen und vor allem Laptops für jeden Schüler.«[36]

---

36 Krautz, Jochen: Bildung als Anpassung? Das Kompetenz-Konzept im Kontext einer ökonomisierten Bildung, Fromm Forum 13/2009, 87–100, hier: 87, abrufbar unter: http://fachbereich-bildungswissenschaft.de/wp-content/uploads/krautz-bildung-als-anpassung.pdf.

Das Bildungssystem, insbesondere die Schule, als Bereich auf den hier besonders geblickt werden soll, ist für solche Entstehung von Herrschaftsstrukturen also sehr anfällig, wie andere gesellschaftliche Systeme – z. B. Arbeit und Gesundheitswesen – auch. Weniger direkt beeinflussbar ist das Familiensystem, das auf kleinen Einheiten beruht und durch konservative Wertesysteme vor zu großen direkten Eingriffen bisher geschützt ist – mit allen Vor- und Nachteilen, die dies mit sich bringt.

Wie aber funktionieren nun Machtstrukturen im Schulsystem? Wer entscheidet über Wissensinhalte und Aneignungsformen und wie laufen Entscheidungsprozesse ab?

Zuerst einmal muss man feststellen, dass der Ablauf von Entscheidungsprozessen gerade nicht als Machtspiel inszeniert wird, sondern ins öffentliche Bewusstsein hinein als schlichte Notwendigkeit kommuniziert wird, als »alternativlos«, wie es heute gern heißt. Dazu bedarf es zuerst eines Katastrophenszenarios, das Handlungsbedarf als unabweisbar erscheinen lässt. Dies zu suggerieren, war die PISA-Studie ausgezeichnet geeignet. Die Ergebnisse der PISA-Studie aus dem Jahr 2000 lösten bei ihrer Veröffentlichung in Deutschland im Jahre 2001 bekanntermaßen den sog. PISA-Schock aus. Damit vollzog die OECD einen geschickten Schachzug im Machtspiel um die Deutungshoheit über das, was als adäquate Bildung zu verstehen sei. Im Gefolge des PISA-Schocks kam es zu politischen Reaktionen, die naturgemäß die ihrer bisherigen Schulpolitik genehmen Einzelaspekte aus der Studie selektierten und daraus Handlungsmaximen ableiteten. Bemerkenswert hierbei ist, dass sich überparteilich ein Konsens durchsetzte, bisher inhaltlich und methodisch orientiertes Lernen durch Kompetenzorientierung zu ersetzen und Outputorientierung und deren Evaluation gleichsam zum Stein der Weisen zu erklären.

Dies ist selbstverständlich kein Zufall, sondern zeigt lediglich, dass mittlerweile alle großen Parteien das Prinzip der kapitalistischen Warenökonomie in ihr Bildungsverständnis übernommen haben. In dieser Hinsicht herrscht ein weitgehender Bildungskonsens, der entsprechenden Reformdruck erzeugt. Ludwig Pongratz fasst hierzu treffend zusammen:

> »Dieser Druck fungiert als strategisches Element innerhalb eines sich derzeit vollziehenden globalen Transformationsprozesses, dessen Schlüsselstellen von unterschiedlichen Organisationen und Agenturen besetzt sind. Der Verdacht erhärtet sich, dass es nicht (oder zumindest nicht nur) wissenschaftliche Interessen waren, die PISA aus der Taufe hoben. Vielmehr setzten (auf nationaler Ebene) politische Instanzen und (auf internationaler Ebene) Großorganisationen wie die OECD (Organisation for Economic Cooperation and Development) die PISA-Studie im Rahmen ihrer globalen politischen Agenda ins Werk; schon jetzt lässt sich absehen, dass sie auch weiterhin ›nachhaltigen Einfluss auf Fragestellungen und Untersuchungen‹ [...] nehmen werden. Es verwundert daher wenig, dass sich hinsichtlich der Privatisierungspolitik und Sprachregelung bei globalen Institutionen (wie OECD, WTO, Weltbank oder IWF) allenthalben die gleichen Zielvorgaben wiederfinden lassen. Sie lauten: Durchsetzung privatwirtschaftlicher Steuerungsprinzipien im öffentlichen Sektor, betriebswirtschaftliche Umgestaltung von Bildungs- und Wissenschaftsinstitutionen, Einführung von Markt- und Management-Elementen auf allen Ebenen.«[37]

---

37 Pongratz, Ludwig A.: Freiwillige Selbstkontrolle. Schule zwischen Disziplinar- und Kontrollgesellschaft, in: Ricken, Norbert/Rieger-Ladich, Markus (Hg.): Michel Foucault: Pädagogische Lektüren, Wiesbaden 2004, 243–259, hier: 244.

Wie wird dieses Bildungsverständnis nun umgesetzt? Welche Wege und Strategien werden gesellschaftlich gewählt, um die Subjekte dergestalt zu disziplinieren, dass sie sich in das Erwartungsschema eines produktionsökonomischen Denkens eingliedern?

Hierzu ist zuerst zu sagen, dass dieser Prozess der Mentalimplantation nicht hierarchisch erfolgt. Natürlich wirken in diesem Prozess Steuerungsmechanismen, die aus einer bestimmten Richtung kommen, die tatsächlich von jemandem, vielleicht auch nur noch von etwas ausgehen. Diese richtungsgebende Instanz aber muss möglichst ungreifbar bleiben und durch ein Geflecht von Abhängigkeiten und Notwendigkeiten ersetzt werden, deren Eigendynamik schließlich funktioniert, ohne eine direkte Beschwerdeinstanz noch zuzulassen.

Betrachtet man den Prozess der Generierung von Richtlinien für die konkrete Erteilung von Unterricht, so ist es im Sinne des herrschenden Machtparadigmas unbedingt nötig, dass der Prozess ihrer Entstehung möglichst unsichtbar und schwer nachvollziehbar für die letztlich damit konfrontierten Lehrer und Schüler bleibt. Die Richtlinien und Lehrpläne müssen quasi »erscheinen« im Sinne einer Offenbarung aus dem Nichts. Einzige Möglichkeit der Zurechnung und Infragestellung des Edikts ist die Ministerin oder der Minister, deren Unterschrift unter dem Vorwort erscheint (das der betreffende Berufspolitiker selbstverständlich nicht geschrieben, vermutlich kaum gelesen hat) und die oder der für die »Basis« als unerreichbar gelten kann. Entwicklungsprozess, Verfasser, geistige Stammväter und -mütter werden peinlich verschwiegen.

Erklärtes politisches Ziel insgesamt ist es, möglichst viele Schülerinnen und Schüler zu einem möglichst hohen Schulabschluss zu bringen. Dessen Qualität ist zwar im Grunde ausgesprochen relevant für ein Land wie Deutschland, dessen Ressourcen eben nicht im Bereich von Rohstoffen liegen, sondern das sich nur durch Bildung, Forschungs- und Erfindungsreichtum international zu behaupten vermag, wenn man einmal einer ökonomischen Argumentationsstruktur folgen will.[38] Aber für Bildungspolitik spielt die Qualität des Abschlusses keine Rolle, da das politische Ziel – gemäß der Eigenlogik des politischen Subsystems – in der Machterhaltung und damit der Wiederwahl besteht.[39] Um dieses Ziel aber zu erreichen, ist die Qualität von Bildung nicht entscheidend. Entscheidend ist lediglich der nach außen hin sichtbare und kommunizierbare »Erfolg« in entsprechenden Abschlusszahlen.

Diesem Ziel stehen nun erhebliche Störfaktoren gegenüber: insbesondere reale Fähigkeitsgrenzen von Schülern und die Weigerung eines Teils der Lehrerschaft, Abschlüsse zu leichteren Konditionen zu vergeben.[40] Damit wird es nötig, entweder die Fähigkeitsgrenzen der Schüler zu verändern oder die Anspruchshaltung der Lehrer anzupassen bzw. eine Mischung hiervon zu erzielen.

---

38 Dass angesichts der deutschen Vergangenheit des 20. Jahrhunderts die Qualität von Bildung in besonderem Maße auch in ethischer Urteilsbildung und Kritik- und Positionalisierungsfähigkeit gegenüber jedweder Form von Ideologie bestehen sollte, sei nur am Rande erwähnt.

39 Vgl. Luhmann, Niklas: Ökologische Kommunikation. Kann die moderne Gesellschaft sich auf ökologische Gefährdungen einstellen? Opladen [3]1990 (1986),167–182.

40 Vgl. auch: Klein, Hans-Peter: Qualitätssicherung durch Notendumping. Inkompetenzkompensationskompetenz verschleiert das Scheitern der Schulreformen, in: DPV (Hg.): Profil 11, 2012, 24–28.

Hinsichtlich der Lehrerschaft operiert man hierbei mit einem System konfligierender Erwartungen, die sich innerhalb des Systems verstärken und das Individuum mit Widersprüchlichkeiten konfrontieren, die schließlich zur Kapitulation und Anpassung an das politische Hauptziel führen.[41] Die Schüler werden unter erheblichen psychologischen Zeit- und Leistungsdruck gesetzt, und gleichzeitig wird ihnen eine permanente Rechenschaftspflicht sich selbst gegenüber auferlegt.[42]

Die Machtausübung innerhalb des Schulsystems folgt nicht mehr einer eindimensional hierarchischen Struktur, sondern wird in die Psyche der Beteiligten verlegt. Ziemlich übereinstimmend mit Foucaults Analyse der Übernahme der Wirkungsweisen der Pastoralmacht durch die weltlichen Institutionen nach der Aufklärung etabliert sich heute eine Macht- bzw. Herrschaftsstruktur im Bildungs-

41 Lehmann-Rommel, Roswitha: Partizipation, Selbstreflexion und Rückmeldung: Gouvernementale Regierungspraktiken im Feld Schulentwicklung, in: Ricken, Norbert/Rieger-Ladich, Markus (Hg.): Michel Foucault: Pädagogische Lektüren, Wiesbaden 2004, 261–283, hier: 270 f.: »Für das Gelingen [der Umsetzung der als richtig propagierten pädagogischen Modelle und ihren Erfolg] sind letztlich Engagement und Teilnahme der eigenverantwortlichen Individuen ausschlaggebend. Dabei legen die an die Kompetenz der einzelnen gerichteten Normen gleichzeitig nahe, wo die Schuldigen für ein Nichtgelingen zu suchen sind: bei den ›eigenverantwortlichen‹ Lehrern. Es werden Anerkennungsbedingungen aufgestellt, deren polarisierend bewertender Semantik die Beteiligten sich kaum entziehen können. [...] Insbesondere der ›Umgang mit Widerstand‹ wird zum bevorzugten Thema von pädagogischen Ratgebern und Schulleiterfortbildungen. Die Ratschläge konzentrieren sich – unterschiedlich subtil – darauf, wie ›widerständige Lehrer‹ – unter anderem in Form von paradoxen Interventionen – zu manipulieren sind.«

42 Lyotard: Das postmoderne Wissen, 8: »Sorge dafür, dass in dich investiert wird, oder verschwinde!«

system, die die extern intendierte und intrinsisch performierte Seelenleitung von Schülern und Lehrern zum Wirkungsprinzip hat.

> »Die Techniken der christlichen Seelsorge in Bezug auf die Lenkung des Gewissens, die Sorge um die Seelen, die Behandlung der Seelen, all diese Praktiken, die von der Prüfung bis zur Beichte reichen, über das Geständnis, die verpflichtende Beziehung des Selbst zu sich selbst in Begriffen von Wahrheit und verpflichtendem Diskurs, dies ist, wie mir scheint einer der grundlegenden Punkte der Pastoralmacht, der sie zu einer individualisierenden Macht macht. [...] Auf paradoxe und ziemlich unerwartete Weise hatten seit dem 18. Jahrhundert sowohl die kapitalistischen und industriellen Gesellschaften als auch die modernen Formen des Staats, die sie begleiteten und unterstützten, Bedarf an Prozeduren, Mechanismen, hauptsächlich an Individualisierungsprozessen, die die religiöse Seelsorge ins Werk gesetzt hatte. [...] Während des europäischen 18. und 19. Jahrhunderts fand eine vollständige Umwandlung, eine vollständige Transplantation der traditionellen Ziele der Seelsorge statt. Man sagt oft, der Staat und die moderne Gesellschaft ignorierten das Individuum. Wenn man es etwas näher betrachtet, dann ist man im Gegenteil über die Aufmerksamkeit erschrocken, die der Staat den Individuen schenkt; man ist erschüttert von all den Techniken, die vorbereitet und entwickelt wurden, damit das Individuum nicht auf irgend eine Weise der Macht entkommt, weder der Überwachung noch der Kontrolle, noch dem Weisen, noch der Berichtigung und der Korrektur.«[43]

Zu fragen ist, wie Schüler und Lehrer heute als Subjekte »objektiviert« werden, zum Objekt einer bestimmten Betrachtungsweise gemacht werden. Als was kommen Schüler und Lehrer heute in den Blick, wie werden sie von anderen Subjekten objektivierend abgegrenzt?

---

43 Foucault, Michel: Die analytische Philosophie der Politik (1978), in: ders.: Schriften III, 675–695, hier: 692–694.

»Was sind die Subjektivierungs- und Objektivierungsprozesse, die bewirken, dass das Subjekt als Subjekt Objekt einer Erkenntnis werden kann? […] Michel Foucault hat es jetzt, und zwar immer noch im Rahmen des selben allgemeinen Projekts, unternommen, die Konstitution des Subjekts als Objekt für sich selbst zu untersuchen: die Ausbildung der Verfahren, durch welche das Subjekt dazu gebracht wird, sich selbst zu beobachten, sich zu analysieren, sich zu entschlüsseln und als Bereich eines möglichen Wissens anzuerkennen.«[44]

Der Schüler kommt heute im politisch-pädagogischen Diskurs weder als Mensch noch als Schüler im ursprünglichen Sinn des Wortes (also etwa als lernende Person im Gegenüber zu einem Lehrer) in den Blick. Er erscheint vielmehr als autonomer Manager, als Unternehmer seiner selbst bzw. seines Selbst.

»So wie aus Lohnempfängern ›Arbeitsunternehmer‹ […], ›Ich-AGs‹ oder ›Intrapreneure‹ werden sollen, werden Schüler umdefiniert zu Selbstmanagern des Wissens, zu autopoietischen ›lernenden Systemen‹, denen vor allem dann Erfolg in Aussicht gestellt wird, wenn sie moderne Managementqualitäten an sich selbst entwickeln, also: sich die Produktionsmittel zur Wissensproduktion aneignen (Lernen des Lernens), sich unter den Selbstzwang permanenter Qualitätskontrolle und -optimierung setzen (Motivationsmanagement), sich gleichermaßen als Kunde

44 Foucault: Foucault, 778 f. Vgl. in der französischen Fassung: Foucault, Michel: Foucault (1984), in: ders.: Dits et écrits 1954-1988, II: 1976–1988, Édition établie sous la direction de Daniel Defert et François Ewald avec la collaboration de Jacques Lagrange, Éditions Gallimard 2001 (zweibändige Druckausgabe 2012), 1450–1455, hier: 1452 f.: »[…] quels sont les processus de subjectivation et d'objectivation qui font que le sujet peut devenir en tant que sujet objet de connaissance. […] Michel Foucault a maintenant entrepris, toujours à l'intérieur du même projet général, d'étudier la constitution du sujet comme objet pour lui-même: la formation des procédures par lesquelles le sujet est amené à s'analyser, à se déchiffrer, à se reconnaître comme domaine de savoir possible.«

> wie als Privatanbieter auf dem Bildungsmarkt begreifen lernen (Selbstmanagement), sich permanenten Kontrollen, Prüfverfahren und Zertifizierungen aussetzen (Selbstoptimierung) usw. Jeder Schüler und jeder Lehrer wird zu seinem eigenen Kompetenzzentrum; entsprechend rückt der Kompetenzbegriff ins Zentrum pädagogischer Reflexion.«[45]

Da, wo dieses Unternehmertum des eigenen Selbst versagt, wird der Schüler dann im Sinne eines Patienten oder Klienten objektiviert. Man redet zwar nach wie vor von Schülern und auch die offiziellen Dokumente nennen ihn so. Dies erfolgt aber nur, um nicht zu deutlich zu machen, wie man den Schüler inzwischen begreift. Der Schüler ist heute Objekt einer »Diagnostik«, wie es allen Ernstes im politpädagogischen Jargon heißt. Er ist Objekt eines Therapieprozesses, der nicht nur seine Fehlleistungen betrifft, sondern auch seine innere Haltung im Kompetenzerwerbsbetrieb Schule. Die notwendigen Anpassungsleistungen an das Schulsystem, wie sie gegenüber jedem gesellschaftlichen Subsystem ja zu erbringen sind, sollen nicht mehr brachial, sondern subtil erzwungen werden, indem man Therapiepläne ausarbeitet, den Klienten selber seinen Heilungsprozess reflektieren und seine Anteile an dessen ausstehendem Gesamterfolg bekennen lässt. Wo das nicht ausreicht, wird notfalls medikamentiert. Die Steigerung der Verschreibung des Psychopharmakons Ritalin in den letzten Jahren spricht hier Bände.

Der Schüler erscheint für den Lehrer also als Klient, um dessen individuelles pädagogisches Wohl er sich zu kümmern hat. An sich ist das gegenüber Konzepten schwarzer Pädagogik und einer Vermassung des Schülers in einem

---

45 Pongratz: Freiwillige Selbstkontrolle, 254.

Betrieb, in dem er individuell nicht vorkommt, natürlich positiv zu beurteilen. Auch das Bemühen um individuelle Förderung, wie es inzwischen in NRW z. B. auch rechtlich verankert ist, ist auf vordergründiger Ebene eine Stärkung des Schülers als Subjekt. Allerdings kollidiert ein humanistisches Interesse am Menschen, das man aus diesen Terminologien und Regelungen herauslesen kann, mit den politischen Realitäten, die gar nicht in der Lage sind, die Ressourcen, die nötig wären, um eine individuelle Förderung zu ermöglichen, freizusetzen. Gleiches gilt für die Konzepte der Inklusion, deren moralischen Anspruch auf Integration sog. Behinderter bzw. Relativierung der autoritären Grenzziehung zwischen Normalität und Abweichung man nicht bestreiten kann. Da innerhalb eines auf Wahlziele ausgerichteten politischen Denkens Bildung als auf Fernziele ausgerichteter Prozess, die sich zudem schneller Evaluierbarkeit entziehen, in Hinsicht auf Finanzierung stets hinten anzustehen hat, kehren sich die an sich positiv denkbaren Effekte innerhalb des politpädagogischen Rahmens um. Statt individuelle Förderung nun auch mit entsprechenden Ressourcen zu befördern, wird der Rechtsanspruch auf Förderung zur Beweispflicht der Unvermeidbarkeit von Fehlleistungen durch die Lehrkräfte transformiert. Letztere befinden sich nun in der Situation, bei gleichen (oder auch schlechteren) finanziellen und personellen Ressourcen nicht nur höhere Förderleistungen für ihre Klienten erbringen zu müssen, sondern im Falle des Scheiterns auch minutiös nachzuweisen, dass dies kein Verschulden der Förderungsverpflichteten (der Lehrer, keineswegs der Bildungs- und Finanzpolitiker) war. Dass die individuelle Förderung von Schülern Lehrern ja vielfach am Herzen liegt, verstärkt die innere Schizophrenie:

Ich muss etwas leisten, was ich gut finde, aber nicht leisten kann. Auf diese Weise erfolgt Seelenleitung analog der Stärkung des Sündenbewusstseins in vorreformatorischem Geiste: All mein Tun scheitert angesichts der unerfüllbaren Forderung und treibt in Selbstzweifel und Autoaggression.

Die Konsequenzen liegen auf der Hand: Angesichts der Schizophrenie von – oftmals ja auch ethisch befürworteter – höherer Förderungsverpflichtung bei gleichbleibenden oder sinkenden Ressourcen flüchtet sich der Lehrer in das Absenken des Leistungsanspruchs. Das politpädagogische Ziel wird trotzdem erreicht: eine Erhöhung erfolgreicher Abschlussquoten. Streng genommen würde sich eine begrenzte, aber nicht ausreichende Ressourcenerhöhung sogar als destruktiv erweisen, da sich das Ziel der besseren Abschlussquoten damit verzögert, weil das Lehrpersonal nicht schnell genug aufgibt, was in der Konsequenz bedeutet, am besten die Lehrer weiter ganz auf sich gestellt zu lassen.

Dem arbeiten die standardisierten zentralen Abschlussprüfungen zu, die um besserer Vergleichbarkeit willen das Reflexionsniveau zugunsten reproduktiver Teile reduzieren.

Für die Schüler, die dieses System nicht durchschauen und die immer stärkerer Kontrolle durch Selbstevaluation und Leistungs- bzw. Kompetenztests ausgesetzt werden, erhöht sich gleichwohl der psychische Druck.

> »Diese Effekte sind kein unglücklicher Zufall, sondern notwendige und damit wohl intendierte Folgen. Bereits 2002 hat eine Studie der ›American Evaluation Organisation‹ dem in den USA seit langem verbreiteten Testwesen ein vernichtendes Zeugnis ausgestellt: ›High stakes testing leads to under-serving or mis-serving all students, especially the most needy and vulnerable, thereby violating the principle of ›do no harm‹.‹ Demnach eta-

blieren Tests eine zentralisierte Kontrolle über Inhalte und die Art und Weise des Unterrichtens, sie verengen das Fächerspektrum auf testrelevante Disziplinen, veranlassen Schüler, Lehrer und Schulen zu systematischem Betrug bei den Tests, tragen zu einer Atmosphäre von Misstrauen, Angst, entzweiendem Wettbewerb sowie allgemeiner Hysterie bei, u. v. a. m.«[46]

Und das dürfte für die Mehrheit gelten, denn schließlich muss propagiert werden, dass trotz der inzwischen flächendeckend in Deutschland durchesetzten Schulzeitverkürzung das Niveau nicht abgesenkt werde. Es muss also behauptet werden, es bleibe schwierig, und zwar so laut, dass alle daran glauben, zumindest Eltern und Schüler, deren Hauptfeind dann der Lehrer wird, der tatsächlich nach wie vor entsprechende Leistungen einfordert: ein durchschaubares »Divide et impera«.

Dem Fördern als Verpflichtung der Lehrer steht die Forderung an die Schüler nach erhöhter Selbststeuerung des Lernprozesses gegenüber. Eigenverantwortliches Lernen klingt zuerst nach einer positiven Vision. Allerdings steht dem zweierlei entgegen: Zum einen bedeutet eigenverantwortliches Lernen keineswegs eine Mitbestimmung in Hinsicht auf die Frage, ob und was man lernen will. Zum anderen kehrt sich die Eigenverantwortlichkeit in einer Zeit der gnadenlosen Selbstbestimmungsschizophrenie[47] schnell vom Se-

46 Krautz: Bildung als Anpassung?, 97, in Aufnahme der Studie: American Evaluation Organisation: Position Statement on HIGH STAKES TESTING. In PreK-12 Education (2002), www.eval.org/hst3.htm.

47 Die scheinbare Freiheit der Selbstbestimmung wird konterkariert durch eine faktische, realwirtschaftlich bedingte Reduzierung der Möglichkeiten, mutiert hierdurch zum Selbstbestimmungszwang und schiebt die Schuld, wenn Selbstbestimmung nicht gelingt und Erfolge ausbleiben, einseitig dem (versagenden) Individuum zu.

gen zum Fluch. Die Eigenverantwortlichkeit der Lernenden resultiert nicht aus einem Ernstnehmen des Subjekts, sondern unterstützt lediglich die Selbstkontrolle des Humankapitals Schüler im Blick auf seine funktionale Anpassung an eine ökonomisierte Pädagogik. Hartman und Geppert machen das anhand des »Portfolio«-Gebrauchs deutlich:

> »Schon der Name ist der kapitalistischen Ökonomie entnommen, ein Begriff für eine Sammelmappe von Vermögens- und Wertpapierbeständen. SchülerInnen sollen von der Grundschule an in einer Sammelmappe Arbeitsbestände, Lernergebnisse, Qualifikationen und Arbeitsproben sammeln, laufend selber neu bewerten und damit Fähigkeiten der Selbstrechenschaft, -orientierung an Leistungsmarken und -vereinbarungen, -evaluation, -steuerung, -reflexion entwickeln, standardisieren und vor allem für die Kontrolle im Sinne einer totalen Selbstüberantwortung transparent machen.«[48]

Eigenverantwortlichkeit wird keineswegs im Sinne einer antiautoritären Erziehung, wie sie nach A. S. Neill konzipiert ist, gedacht. An eine freiwillige Eigenverantwortung ist genau so wenig gedacht wie an eine Mitbestimmung der Lehrinhalte (woran zumindest in den letzten Richtlinien für ev. Religion in der Oberstufe in NRW noch gedacht war). Vielmehr werden die Prüfungsinhalte im Interesse einer pauschalen und zentralen Evaluierbarkeit immer stärker reglementiert und standardisiert. Eigenverantwortliches Lernen bedeutet also lediglich, das Erwartete als eigene und selbständig zu lösende Aufgabe zu betrachten. Mit einem Ernstnehmen des Subjektes als mündig hat all das nichts zu tun.

48 Hartman, Detlef/Geppert, Gerald: Cluster. Die neue Etappe des Kapitalismus, Berlin/Hamburg 2008, 204.

Das Führen von Portfolios, die permanente Dokumentation des eigenen Kompetenzerwerbsfortschritts, das Sammeln von Testaten und Bescheinigungen über erreichte Kompetenzerwerbserfolge, sie alle maximieren den Geständniszwang des lernenden Subjekts, das stets schon in Vorbereitung auf den Ernst des Lebens befindlich ist und dem die Forderung nach dem lebenslangen Lernen keine Möglichkeit zur Flucht mehr lässt.

> »Was derzeit unter den Stichworten ›Selbstorganisation‹ bzw. ›lernende Organisation‹ zur Schulreform diskutiert wird, trägt auf den ersten Blick zwar das Gesicht der Humanisierung, läuft letztendlich jedoch darauf hinaus, die Zumutungen an die in der Institution lebenden und lehrenden Menschen zu verstärken. [...] Partnerschaftliche Ideale und die größere Zuschreibung von Eigenverantwortung an die Schüler bedeuten, dass das, was ehemals unmittelbarer Fremdzwang oder internalisierte Autorität leisteten, jetzt durch Selbstzwang erreicht werden muss. Die Zwangsverhältnisse tarnen sich als egalitäre Kommunikation zwischen Schülern, Lehrern und Schulleitung, wobei häufig verwischt wird, dass den tatsächlichen Entscheidungsspielräumen (durch bürokratische Vorgaben, administrative und ökonomische Strukturen) enge Grenzen gesetzt sind.«[49]

2.3 Panoptische Seelenleitung

Die hier skizzierten Macht- bzw. Herrschaftsverhältnisse und die Techniken, derer sie sich bedienen, lassen sich hervorragend anhand von Michel Foucaults Beschreibung

49 Pongratz: Freiwillige Selbstkontrolle, 254, der hier zitierend Bezug nimmt auf: Boenicke, Rose: Bildung, absoluter Durchgangspunkt. H.-J. Heydorns Begründung einer kritischen Bildungstheorie, Habilitationsschrift TU Darmstadt, Darmstadt 1998, 178.

der zu Beginn der Neuzeit stattfindenden Veränderung in der Ausübung von Macht bzw. Herrschaft in seinem Buch »Überwachen und Strafen« reflektieren.

Die Strafkultur verändert sich zwischen Mittelalter und Neuzeit erheblich. Wurden im Mittelalter Strafen in aller Regel in der Form körperlicher Strafen als Zufügen von Schmerz und Verstümmelung oftmals öffentlich vor Publikum vollzogen, so beginnt sich dies mit dem Ende des 18. Jahrhunderts radikal zu ändern. Aufklärerische Vernunft und im weitesten Sinne humanistisches Denken führen dazu, dass an Stelle des Vergeltungsgedankens und des Regiments der Schmerzen nun der Gedanke von Belehrung und Resozialisierung tritt. An die Stelle des Beils tritt das Gefängnis als Ort der Besserung. Unter dieser geistigen Maßgabe stehen auch die Überlegungen Jeremy Benthams zu dem von ihm entworfenen Panopticon, einem Gefängnis, das den Gefangenen einem Regime permanenter Beobachtung unterwirft, im Interesse, ihn so zu formen, dass er später unter einem Regime der Selbstdisziplin wieder zu einem nützlichen Mitglied der menschlichen Gesellschaft werden kann. Bentham geht dabei nicht wie z. B. Kant von unveränderlichen Imperativen aus, die den Umgang mit dem Menschen bestimmen, sondern vom Prinzip der Nützlichkeit für Individuum und Gesellschaft.[50] Nützlich ist das, was das Glück mehrt, und das Glück wächst mit dem Wohlstand. So eindimensional das heute klingen mag – und vielleicht auch schon zu Zeiten Benthams für manchen geklungen haben mag –, so stellt dieses Prinzip doch eine Opposition gegen

50 Dass eine solche Koinzidenz zwar postulierbar, aber eben auch höchst fragwürdig ist, bestimmt und verzerrt heute noch ökonomisch-politische Debatten im Umfeld des quasireligiösen wirtschaftlichen Neoliberalismus und seiner Gegner.

politische Macht dar, die sich lediglich aus Gottesgnadentum oder auch nur aus Gewalt heraus zu begründen vermag.

> »Die englische Philosophie entwickelte eine Alternative zur Korrumpierbarkeit politischer Macht, indem sie die Gesetzmäßigkeiten der Ökonomie ins Feld führte. [...] Je freier der Mensch als ökonomisches Individuum, umso näher kommt er dem Glück, oder, wirtschaftlich gesprochen, dem Profit. Benthams Idealstaat ist daher eine Gesellschaft der glücklichen Arbeit, der freilich ohne Erziehung nicht erreicht werden kann. Um ihre Kräfteverhältnisse modellhaft zu veranschaulichen, aber auch um realiter die Menschen im Sinne dieses Ethos disziplinieren zu können, entwickelte der Philosoph das ›Panoptikum‹. [...] Im Effizienzgedanken liegt der universelle Schlüssel zur Angemessenheit des Strafvollzugs. Im Sinne des Erfolgs und der Menschlichkeit – getrieben durch sein angeborenes Streben nach Profit – wird der Aufseher die Erziehung der Gefangenen schnellstmöglich abschließen und die Delinquenten in neue Arbeitsverhältnisse außerhalb der Anstalt bringen.«[51]

Eine Strafe ist also dann sinnvoll und umso sinnvoller, je schneller und effizienter sie dazu beiträgt, einen Delinquenten wieder zum nützlichen Mitglied der Gesellschaft zu machen. Gesellschaftliches Interesse und persönliches Wohl ergänzen sich nach Bentham also hervorragend. Aus der Perspektive einer Gesellschaft, die heute, mehr als 200 Jahre nach Bentham, durch einen globalisierten Turbokapitalismus dominiert wird, muss die Vision Benthams als zu optimistisch bewertet werden. Das Nutzeninteresse des Staates ist hinter dem Nutzenkalkül des Kapitals verschwunden, das Menschen nur als Funktionseinheiten im Prozess seiner Akkumulation benötigt. Das Interesse des

---

51 Welzbacher, Christian: Der radikale Narr des Kapitals. Jeremy Bentham, das »Panoptikum« und die »Auto-Ikone«, Berlin 2011, 65, 67, 69.

Individuums ist solange irrelevant, wie es nicht in der Lage ist, den Prozess der Wertschöpfung positiv oder negativ zu beeinflussen. Hieraus erklärt sich die zunehmende soziale Spaltung auch reicher Länder.

> »Als er das ›größte Glück der größten Zahl (Menschen)‹ als Staatsräson definierte, gab es keinen Wohlfahrtsstaat. Auch war der Kapitalismus noch eine reine Wirtschaftsform, keine Lebensweise, diktiert von der weltumspannenden Oligarchie der Konzerne nach dem Ende der politischen Ordnung. Bentham ging vom freien Subjekt aus, dem autonomen Individuum, das den Weg in die Mündigkeit sucht. Nicht vom Konsumenten, dem entmenschten Objekt zwischen Produkt und Propaganda. Auch Bildung war keine ›Investition‹ im heutigen Sinne. Die Seele des Menschen stand noch nicht auf dem Straßenstrich der Ökonomie, auf der Jagd nach ›Macht‹ und ›Geld‹, nach einer letzten Chance in einem längst verlorenen Spiel, dessen Karten im späten 18. Jahrhundert neu gemischt worden waren.«[52]

Michel Foucault hat den Gedanken des Panopticons aufgegriffen und ihn – durchaus im Sinne Benthams – als Strukturprinzip von Gesellschaft bzw. unterschiedlichster gesellschaftlicher Institutionen begriffen. Er arbeitet allerdings nicht den sozialintegrativen Ansatz bei diesem heraus, sondern zeigt auf, in welcher Art und Weise hier Macht funktioniert. Hatte die Disziplinierung durch körperliche Strafe etwas Situatives und Eruptives, so bahnt sich Macht durch das Panopticon in wesentlich umfassenderer Weise

---

52 Welzbacher: Der radikale Narr des Kapitals, 14. Diese klare Trennung zwischen dem Kapitalismus der Bentham-Zeit und dem heutigen Kapitalismus scheint dann allerdings schon etwas fragwürdig, wenn man auf die Aktivitäten der britischen Handelsgesellschaften und ihre Verwicklung in den (1807 im Vereinigten Königreich verbotenen) Sklavenhandel blickt. Zudem sieht gerade Bentham Bildung ja durchaus als Form der Investition.

ihren Weg. Das panoptische Prinzip – permanente Beobachtung, während der Beobachter verschwindet bzw. unsichtbar bleibt – ermöglicht ein ständiges Funktionieren der Kontrolle über die Menschen.

> »Das Panopticon ist vielseitig einsetzbar. […] Es handelt sich um einen bestimmten Typ der Einpflanzung von Körpern im Raum, der Verteilung von Individuen in ihrem Verhältnis zueinander, der hierarchischen Organisation, der Anordnung von Machtzentren und -kanälen, der Definition von Instrumenten und Interventionstaktiken der Macht – und diesen Typ kann man in den Spitälern, den Werkstätten, den Schulen und Gefängnissen zur Anwendung bringen. […] In jeder dieser Anwendungen ermöglicht es die Perfektionierung der Machtausübung: weil es die Möglichkeit schafft, daß von immer weniger Personen Macht über immer mehr ausgeübt wird; weil es Interventionen zu jedem Zeitpunkt erlaubt und weil der Druck bereits vor der Begehung von Fehlern, Irrtümern, Verbrechen wirkt; ja weil unter diesen Umständen seine Stärke gerade darin besteht, niemals eingreifen zu müssen, sich automatisch und geräuschlos durchzusetzen. […] Das panoptische Schema ist ein Verstärker für jeden beliebigen Machtapparat: es gewährleistet seine Ökonomie (den rationellen Einsatz von Material, Personal, Zeit); es sichert seine Präventivwirkung, sein stetiges Funktionieren und seine automatischen Mechanismen.«[53]

Die Politik des Panopticons ist effizient. Immer weniger Personal kann immer mehr Kontrolle ausüben, weil das Gefühl, stets beobachtet werden zu können, zu einer immer stärkeren Selbstbeobachtung führt. Das Verschwinden des Beobachters, des Wächters führt zu einer Internalisierung der Beobachtung. Da, wo diejenigen, die in erster Linie die Macht ausüben, verschwinden, wird die Kontrollinstanz in das eigene Innere verlegt.

---

53 Foucault: Überwachen und Strafen, 264 f.

»Eine wirkliche Unterwerfung geht mechanisch aus einer fiktiven Beziehung hervor, so daß man auf Gewaltmittel verzichten kann [...] Derjenige, welcher der Sichtbarkeit unterworfen ist und dies weiß, übernimmt die Zwangsmittel der Macht und spielt sie gegen sich selber aus; er internalisiert das Machtverhältnis, in welchem er gleichzeitig beide Rollen spielt; er wird zum Prinzip seiner eigenen Unterwerfung.«[54]

Es liegt auf der Hand, dass in einer ökonomisierten Gesellschaft, die auf Effizienz ausgerichtet ist, eben dieses Schema auch in den Bildungsbereich einwandert. Die ehemals vertikal agierende Autorität des Lehrers, der Ergebnisse bewertet und Lob und Tadel zumisst, wird Schritt für Schritt aufgelöst und auf die Seite der Lernenden verlagert: gegenseitige Kontrolle der Einzelarbeiten, wechselseitige Bewertung der Effizienz im Gruppenprozess, Selbstkontrolle und permanente Dokumentation des eigenen Leistungsstandes, im pädagogischen Neusprech: Selbstevaluation des Kompetenzentwicklungsstandes. Was bei Bentham als bizarres Gefängnisprojekt begann, setzt sich schließlich in alle Bereiche der Gesellschaft hinein fort:

»Das panoptische Schema ist dazu bestimmt, sich im Gesellschaftskörper auszubreiten, ohne irgendeine seiner Eigenschaften aufzugeben; es ist dazu berufen, im Gesellschaftskörper zu einer verallgemeinerten Funktion zu werden.«[55]

Vollkommen ist die Disziplinierung erst dann, wenn sie nicht mehr von einem externen Überwachungsturm her erfolgt, sondern wenn der Überwachungsturm gleichsam ins Bewusstsein eines jeden Einzelnen implantiert ist.

54 Foucault: Überwachen und Strafen, 260.

55 Foucault: Überwachen und Strafen, 267.

»In seinem durchsichtigen kreisrunden Käfig auf dem hohen Turm von Wissen und Macht mag es Bentham darum gehen, eine vollkommene Disziplinarinstitution zu entwerfen; aber es geht auch um den Aufweis, wie man die Disziplinen ›entsperren‹ und diffus, vielseitig, polyvalent im gesamten Gesellschaftskörper wirken lassen kann. [...] Das Panopticon liefert die Formel für diese Verallgemeinerung. Es programmiert auf der Ebene eines einfachen und leicht zu übertragenden Mechanismus das elementare Funktionieren einer von Disziplinarmechanismen vollständig durchsetzten Gesellschaft.«[56]

Ziel ist – seit den Zeiten von Bentham und Adam Smith – ein nutzbringendes, Gewinn produzierendes Individuum, das in einem permanenten Prozess von Selbstkontrolle und »smoother« Außenevaluation immer besser an die externen Anforderungen angepasst wird.

»Die Disziplinen werden immer mehr zu Techniken, welche nutzbringende Individuen fabrizieren. [...] Die massiven und kompakten Disziplinen lockern sich zu weichen, geschmeidigen, anpassungsfähigen Kontrollverfahren auf.«[57]

»Schließlich hat die Disziplin die Machtbeziehungen nicht oberhalb der Vielfältigkeit ins Spiel zu bringen, sondern in deren eigenem Gewebe und so diskret wie möglich, möglichst gut eingefügt in die übrigen Funktionen dieser Vielfältigkeiten und möglichst kostensparend. Dem entsprechen Machtinstrumente, die anonym und mit der von ihnen organisierten Vielfältigkeit koextensiv sind, wie die hierarchische Überwachung, die lückenlose Registrierung, die immerwährende Beurteilung und Klassifizierung.«[58]

Der Gedanke des lebenslangen Lernens hat sicherlich im Rahmen eines humanen Bildungsverständnisses seine

56 Foucault: Überwachen und Strafen, 268.

57 Foucault: Überwachen und Strafen, 271.

58 Foucault: Überwachen und Strafen, 282 f.

Berechtigung. Man lernt nie aus, heißt es, und so kennzeichnet man die Chance, in jeder Phase seines Lebens Neues zu erschließen und damit neue Perspektiven eröffnet zu bekommen. Dies kann jedoch nur dann als Chance gesehen werden, wenn das Lernen aus einer Motivation geschieht, die sich dem Neuen aus Freude, Neugier oder auch moralischer Verpflichtung nähert. Schließlich muss man Menschen zugestehen, dass Lernprozesse irgendwann auch an ein Ende kommen. Manchem wird mancher sich vielleicht auch bewusst verschließen, ohne sich damit automatisch vom Leben und allen Formen gelingender Sozialität zu verabschieden. Das lebenslange Lernen wird da zur erheblichen Bedrohung der Freiheit und des Glücks des Subjekts, wo es als Forderung der Marktökonomie gleichzeitig mit dem Ausschluss aus Arbeit und Sozialgemeinschaft droht, wo lebenslanges Lernen nur dazu dient, den Wert des Portfolios an Humankapital und damit das Individuum vor dem Absturz zu bewahren.

> »Aber solange Lernen nur als der Erwerb von menschlichem Kapital, von Kompetenzen und als Aufbau von Kenntnissen verstanden wird, die etwas einbringen, kann auf dieser Ebene das ökonomische Tribunal in eine Schreckensherrschaft umschlagen. Lernen, so wird immer häufiger behauptet, müsse dafür sorgen, dass wir über vielfältig einsetzbare Kompetenzen verfügen, die es ermöglichen, uns zu verwirklichen und unsere Bedürfnisse zu befriedigen. Das ökonomische Tribunal ist an dieser Stelle unerbittlich: Wir müssen das menschliche Kapital und die Kompetenzen fortwährend überarbeiten. Es geht eben nicht allein darum, sich ›up to date‹ zu halten, sondern sich mit anderen zu vergleichen und dafür zu sorgen, dass man im Vergleich zu anderen über das bessere ›Portfolio‹ verfügt. Die Unterwerfung unter das permanente ökonomische Tribunal verurteilt das unternehmerische Selbst in dieser Betrachtung nicht nur zum Lernen, sondern zum lebenslangen Lernen. Der Lernprozess

> sorgt für den nötigen Mehrwert und Lernen heißt investieren in menschliches Kapital [...].«[59]

Gleichzeitig wird der Lehrer in die Rolle des Moderators versetzt, der – nach einem Missverständnis der Kognitionstheorien des Radikalen Konstruktivismus – nur noch für die Versuchsanordnungen zuständig ist, innerhalb derer der Schüler, wie eine Laborratte, selbständig Kompetenzstufen erklimmt. Ein derart konzipiertes Lernen kann soziale Faktoren nur noch als Skills im Interesse einer Kompetenzerweiterung des in sich selbst eingeschlossenen Lernsubjekts begreifen. Der andere als Lernpartner oder Lehrer verschwindet in diesem Konzept.

> »Aus der unternehmerischen Sicht betrachtet, erscheinen allerlei Eigenschaften des Menschen als eine Form menschlichen Kapitals. Es ist etwas, in das investiert werden muss, das einen bestimmten Wert verkörpert und das die Einkommensquelle bildet. Angesichts der Tatsache, dass diese Form des Kapitals durch Unterricht produziert wird, ist die Entscheidung für Bildung eine wohlüberlegte, unternehmerische Wahl: Man erwartet, dass es etwas einbringt, dass es eine wertvolle Investition ist. Aber diese Kapitalisierung des Lebens hat auch Bezug auf soziale Beziehungen oder auf das, was man gegenwärtig soziales Kapital nennt. Aus einer unternehmerischen Haltung erscheinen Normen, Beziehungen und Netzwerke als wertvolles Kapital, welches zur Bildung von Humankapital oder zur Steigerung der Produktivität der Kenntnisse und Fähigkeiten eingesetzt werden kann.«[60]

59 Simons, Maarten: Leben, Lernen und Investieren. Anmerkungen zur Biopolitik, in: Ricken, Norbert/Rieger-Ladich, Markus (Hg.): Michel Foucault: Pädagogische Lektüren, Wiesbaden 2004, 165–185, hier: 184.

60 Simons: Leben, Lernen und Investieren, 177.

Hieß es in den *Richtlinien und Lehrplänen für das Gymnasium – Sekundarstufe I – in Nordrhein-Westfalen* von 1993 noch, dass »die Wichtigkeit der Lehrerpersönlichkeit gerade im Fach Religion [...] unbestritten« sei, dass »die Aufgabe der [...] Lehrerinnen und Lehrer [sei], eine pädagogische Atmosphäre zu schaffen, die es ermöglicht, trotz der bestehenden unterschiedlichen Rollenpositionen von Lehrerinnen und Lehrern/Erwachsenen und Schülerinnen und Schülern/Jugendlichen sich einer symmetrischen Interaktionsform zumindest anzunähern« und dass »wesentlich in diesem Zusammenhang Einfühlungsvermögen [...], Phantasie, Engagement, Freundlichkeit, Geduld und persönliche Glaubwürdigkeit« seien,[61] so erscheint der Begriff des Lehrers in den neuen Kernlehrplänen nur noch an zwei Stellen, nämlich im Vorwort, wo ihnen die Verantwortung auferlegt wird, den Kernlehrplan umzusetzen, und da, wo Lehrer aufgefordert werden, anhand der Ergebnisse von »Lernerfolgsüberprüfungen« die »Zielsetzungen und Methoden« ihres Unterrichts zu überprüfen. Ein technokratischeres Lehrerverständnis ist schwer denkbar.[62]

61 Richtlinien und Lehrpläne für das Gymnasium – Sekundarstufe I – in Nordrhein-Westfalen. Evangelische Religionslehre, hg. vom Kultusministerium des Landes Nordrhein-Westfalen, Düsseldorf 1993, 102.

62 Kernlehrplan für das Gymnasium – Sekundarstufe I in Nordrhein-Westfalen. Evangelische Religionslehre, hg. vom Ministerium für Schule und Weiterbildung des Landes Nordrhein-Westfalen, Düsseldorf 2011, 3; 36. Dies muss umso mehr als fatal angesehen werden, da die Hattie-Metastudie den absoluten Vorrang des Lehrerhandelns vor allen anderen Faktoren des Unterrichtsgeschehens herausarbeitet und betont, dass sich der Lehrer gerade nicht auf das Konzept eines Moderators reduzieren lässt. Steffens, Ulrich/Höfer, Dieter: Was ist das Wichtigste beim Lernen? Die pädagogisch-konzeptionellen Grundlinien der Hattieschen Forschungsbilanz aus über 50.000 Studien. *Beitrag für die Zeitschrift SchulVerwaltung, Ausgabe Hessen/Rheinland-Pfalz (voraussichtlich Heft 11/2011)*, 5

2.4 Produktivitätsparadigma

Das Produktivitätsparadigma, das allem outputorientierten Lernen zugrunde liegt, reduziert Bildung auf Kompetenzerwerb. Damit bildet das Subjekt nicht mehr den Zielpunkt von Bildung, sondern seine Anpassungsfähigkeit an äußere Anforderungen. Ein kompetenzorientiertes Bildungsverständnis stellt nicht lediglich eine Verschiebung gegenüber einer subjektorientierten Bildung dar, sondern ein klares Gegenkonzept. Es geht nicht mehr um die »Sorge um sich« als Selbstaufklärungsprozess, der dann Handlungsoptionen beeinflusst. Vielmehr bestimmen vorher festgelegte Handlungsziele die Einflussnahme auf das Subjekt. Das Subjekt kommt also durchaus in den Blick, aber eben als eines, das gemäß den Anforderungen der Gesellschaft mit den Mitteln einer subtilen Steuerungsmacht beeinflusst werden muss.[63]

(http://www.oezeps.at/wp-content/uploads/2012/10/Hattie_Veröff- _SV_2-Teil-12-09-11.pdf): »Hattie entwickelt vor dem skizzierten theoretischen Hintergrund sein Bild eines erfolgreichen, das heißt nachweislich wirksamen Lehrers. Dabei fällt auf, dass er mit dieser sehr anspruchsvoll angelegten theoretischen Rahmenkonzeption ein Lehrerbild entwickelt, das den deutschen Leser durch ungewöhnlich starke Betonung auch emotionaler Qualitäten überrascht. So spricht er beispielsweise nicht nur vom Engagement, sondern auch von der Notwendigkeit eines *leidenschaftlichen Handelns* in der Pädagogik mit einer *ansteckenden Wirkung* (S. 23).

Leidenschaftliches Unterrichten erfordert mehr als inhaltliches Wissen und handwerklich erfolgreiches Handeln. *Es bedarf vielmehr einer Liebe zum fachlichen Inhalt, einer Haltung der ethischen Fürsorge und des Wunsches, andere mit der Liebe zum jeweils unterrichteten Fach zu erfüllen* (S. 24).«

63 Insofern muss der unterreflektierten Auffassung von Rothgangel: Grundlegende Aspekte kompetenzorientierter Religionspädagogik, 106, deutlich widersprochen werden, wenn dieser schreibt: »Die Logik, dass Kompetenzmodelle vor Kerncurricula formuliert

Greifen die oben dargelegten Methoden der Seelenführung auf das einzelne Subjekt zu, so steuern Ranking- und Zertifizierungssysteme die Ausrichtung von Institutionen auf das Ziel einer optimalen Anforderungsanpassung. Grundprinzip dabei ist eine permanente Aufrechterhaltung von Konkurrenz angesichts beschränkter Märkte.

Das Individuum muss jederzeit flexibel auf neue Anforderungen reagieren können. Eben darin besteht das, was Kompetenz genannt wird qua Definition:[64]

> »[…] Kompetenz [wird] verstanden als individuelle Selbstorganisationsdisposition, als die Gesamtheit der ›Voraussetzungen eines Menschen, eines Teams, einer Organisation oder eines Unternehmens, in Situationen mit garantiert unsicherem Ausgang einigermaßen sicher zu handeln‹ (Erpenbeck 2001: 206). Kompetenzen sollen ›im Dschungel globalisierter Märkte‹ (ebd.) die Möglichkeit

---

werden, entspricht letztlich der Logik eines kritischen Bildungsbegriffs, dem zufolge der wechselseitige Erschließungsprozess von Subjekt und Objekt unter dem Primat des Subjekts steht.«

64 Die genaue Formulierung des Kompetenzbegriffs der OECD lautet (www.oecd.org/dataoecd/47/61/35070367.pdf, Stand: 8/2012): »A competency is more than just knowledge and skills. It involves the ability to meet complex demands, by drawing on and mobilising psychosocial resources (including skills and attitudes)in a particular context. […] This demand-led approach asks what individuals need in order to function well in society as they find it. What competencies do they need to find and to hold down a job? What kind of adaptive qualities are required to cope with changing technology? (4,6)« Die Erweiterung des letzten stark anforderungsorientierten Satzes hin zu denkender und konzeptueller Eigenständigkeit bleibt blass und spricht auch schnell wieder von »demands« und worin der Unterschied zwischen gesellschaftlichen Zielen und Anforderungen liegen soll und wer diese Ziele eigentlich definiert, bleibt ebenfalls recht undeutlich: »However, competence is also an important factor in the ways that individuals help to shape the world, not just to cope with it. Thus, as well as relating to key features and demands of modern life, competencies are also determined by the nature of our goals, both as individuals and as a society (6).«

zum selbstgesteuerten Lernen sicherstellen. Selbstgesteuert aber sei das Lernen dann, wenn ›die Lernziele und die zu ihnen führenden Operationen und Strategien vom lernenden System selbst bestimmt werden‹ (ebd.: 204). Die subtile Transformation von Selbststeuerung in Selbstbestimmung kaschiert jedoch lediglich die sozio-technische Instrumentierung von Lernprozessen, die der Kompetenzdiskurs mittransportiert, weil Selbststeuerung nur auf ein Segment dessen zielt, was einmal mit Selbstbestimmung gemeint war: auf funktionsgerechtes Verhalten […].«[65]

Richard Sennett hat in seinem vielrezipierten Buch »Der flexible Mensch« bereits 1998 darauf hingewiesen, dass ein Berufs- und (Aus)bildungsweg, der in erster Linie auf das flexible Anpassen an ökonomische Zwänge geprägt ist, gefährliche Auswirkungen auf die Subjekte und deren Charakterentwicklung haben muss:

»Vielleicht der verwirrendste Aspekt der Flexibilität ist ihre Auswirkung auf den persönlichen Charakter. In der Geistesgeschichte bis zurück in die Antike gibt es kaum einen Zweifel

65 Pongratz: Freiwillige Selbstkontrolle, 254 f., der sich hier zitierend auf Erpenbeck, John: Selbstorganisiertes Lernen – Ausdruck des Zeitgeistes oder Ausdruck der Zeit?, in: Hoffmann, Dietrich/ Maack-Rheinländer (Hg.): Ökonomisierung der Bildung, Weinheim 2001, 199–214, bezieht. Zu akzentuieren wäre hier noch, dass die *Lernziele* keineswegs vom lernenden Subjekt mitbestimmt werden. Diese sind im Rahmen der Kompetenzorientierung immer schon als zu erreichende Kompetenzen vorgegeben. Indem der Lernzielbegriff zugunsten des Kompetenzbegriffs inzwischen aus den politökonomisch dominierten curricularen Vorgaben verschwunden ist, werden die Inhalte nur noch diffus im Rahmen der Kompetenzvorgaben mittransportiert und entziehen sich damit mehr und mehr einer kritischen Diskussion. Der nordrheinwestfälische Kernlehrplan für die Sekundarstufe I des achtjährigen Gymnasium enthält den Begriff des Lernziels nicht mehr. Vgl. Kernlehrplan für das Gymnasium – Sekundarstufe I in Nordrhein-Westfalen. Evangelische Religionslehre, hg. vom Ministerium für Schule und Weiterbildung des Landes Nordrhein-Westfalen, Düsseldorf 2011.

> an der Bedeutung des Wortes Charakter: es ist der ethische Wert, den wir unseren eigenen Entscheidungen und unseren Beziehungen zu anderen zumessen. […] Der Charakter konzentriert sich insbesondere auf den langfristigen Aspekt unserer emotionalen Erfahrung. Charakter drückt sich durch Treue und gegenseitige Verpflichtung aus oder durch die Verfolgung langfristiger Ziele und den Aufschub von Befriedigung um zukünftiger Zwecke willen. […] Wie aber können langfristige Ziele verfolgt werden, wenn man im Rahmen einer ganz auf das Kurzfristige ausgerichteten Ökonomie lebt? Wie können Loyalitäten und Verpflichtungen in Institutionen aufrechterhalten werden, die ständig zerbrechen oder immer wieder umstrukturiert werden?«[66]

Eine einseitig auf flexible Anpassung an ökonomische Erfordernisse ausgerichtete Bildung zerstört das, was im emphatischen Sinne den Charakter eines Menschen ausmacht: Loyalität und Verzichtbereitschaft und ein gewisses Maß an Standhaftigkeit, die eben auch nötig sind, um an ethisch relevanten Punkten sich gegenüber seinen Überzeugungen loyal zu verhalten, auch wenn man dadurch gezwungen ist, u. U. Nachteile in Kauf zu nehmen. Den gegenüber der Wertfrage seines Tuns indifferenten und sich anpassenden Charakter hat Adorno unter dem Begriff des »manipulativen Charakters« vor dem Hintergrund seiner Erfahrungen in den USA schon viel früher beschrieben.

> »Er [der manipulative Charakter] denkt oder wünscht sich nicht eine Sekunde lang die Welt anders, als sie ist, besessen von dem Willen of doing things, Dinge zu tun, gleichgültig gegen den Inhalt solchen Tuns. Er macht aus der Tätigkeit, der Aktivität, der sogenannten efficiency als solcher

---

66 Sennett, Richard: Der flexible Mensch. Die Kultur des neuen Kapitalismus, Berlin [8]2010, 11 f. Der Titel der 1998 erschienenen Originalausgabe lautet treffend »The Corrosion of Character«.

> einen Kultus, der in der Reklame für den aktiven Menschen anklingt. Dieser Typ ist unterdessen [...] viel verbreiteter, als man denken könnte.«[67]

Solches erweist sich als fatal, wenn man neueste Untersuchungen zum Geschichtsbild Jugendlicher heranzieht. So zeigt eine Untersuchung des Forschungsverbundes SED-Staat bei deutschen Jugendlichen besonders geringe Kenntnisse über die Geschichte der alten Bundesrepublik (zwischen 36,9 und 34,5 % richtige Antworten) und auch der Nationalsozialismus wird mit richtigen Antwortergebnissen zwischen 59,4 % (bayerische Jugendliche), und 67,5 % (thüringische Jugendliche) nur sehr bedingt richtig erfasst.[68] Sehr eindeutig lässt sich dann auch ein Zusammenhang zwischen Kenntnissen und Urteilen aufzeigen. So beurteilen über 80 % der Jugendlichen mit sehr hohem Kenntnisstand den Nationalsozialismus als negativ, bei denen mit sehr niedrigem Kenntnisstand sind es nur knapp über 30 %.

Hieran wird zweierlei deutlich. Zum einen gibt es einen Zusammenhang zwischen Sachkenntnissen und ethischen Bewertungen. Will man also nicht grundlegende Ansprü-

67 Adorno, Theodor W.: Erziehung nach Auschwitz, in: ders.: Erziehung zur Mündigkeit, Frankfurt a. M. 1971, 88–104, 97. In Adornos Text »Erziehung – wozu?« (im gleichen Sammelband), S. 110, heißt es weiter: »Ich würde, wenn mich meine Beobachtung nicht täuscht, beinahe annehmen, dass bei jungen Menschen, vor allem auch bei Kindern, so etwas wie ein überwertiger Realismus – vielleicht sollte man sagen: Pseudorealismus – sich findet, der auf eine Narbe zurückdeutet. Dadurch, dass der Anpassungsprozess so maßlos forciert wird von der gesamten Umwelt, in der Menschen leben, müssen sie die Anpassung gleichsam sich selber schmerzhaft antun, den Realismus sich selbst gegenüber übertreiben [...].«

68 Die Fragen waren eher grundlegender Natur wie z. B., wer die Berliner Mauer habe bauen lassen.

che an die Werturteilsfähigkeit von Menschen aufgeben, so muss man weiterhin klar inhaltsbezogen arbeiten. Nur wer jenseits von Kompetenzen über klares Sachwissen verfügt, besitzt eine Basis, um zu Urteilen zu kommen. Über den »Kanon« des notwendigen Sachwissens bleibt immer wieder neu zu verhandeln. Dass der Nationalsozialismus und die DDR im Rahmen eines deutschen Bildungssystems dazugehören sollten, scheint freilich auch auf weitere Zukunft noch unabweisbar.

Zum Zweiten kann es keinen Unterricht geben, der hinsichtlich grundlegender Wertfragen ergebnisoffen angelegt wäre, will man nicht grundlegende Gewinne der menschlichen Zivilisation einfach über Bord werfen.

> »Politische Bildung sollte ein Bewusstsein für die Bedeutung einer freiheitlichen und rechtsstaatlichen Demokratie wecken, damit Jugendliche die Wichtigkeit von Abwehrrechten, der Gewaltenteilung, der individuellen Freiheit und der Möglichkeit des gewaltlosen Regierungswechsels erkennen. Dieser Anspruch richtet sich insbesondere an Schulen. Für die Lehrpläne ebenso wie für den konkreten Unterricht, die Lehrpersonen und die von ihnen gelehrten Inhalte ist eine Ausrichtung an den Maßstäben der freiheitlich-demokratischen Grundordnung unabdingbar. Dabei müssen Konzepte wie persönliche, wirtschaftsrechtliche und politische Freiheit, Menschenrechte, Rechtsstaatlichkeit oder pluralistische Demokratie die Grundlage der Bewertung von Systemen bilden. Schulunterricht sollte nicht – wie nicht wenige Lehrer und Zeithistoriker behaupten – prinzipiell ›ergebnisoffen‹ sein, sondern er sollte dies nur in dem normativen Rahmen sein, den die freiheitlich-demokratische Grundordnung absteckt.«[69]

---

69 Deutz-Schröder, Monika/Quasten, Rita/Schroeder, Klaus/Schulze-Heuling, Dagmar: Ungleiche Schwestern? Demokratie und Diktatur im Urteil von Jugendlichen, in: APuZ 32–34/2012 (62. Jg.), 19–27, hier: 26.

Ein rein an formalen Kompetenzen orientiertes Richtlinienkonzept müsste sich damit zufriedengeben, dass die Schüler *irgendeine* Bewertung des Nationalsozialismus vornehmen, gleich, ob negativ oder positiv. Wer das kann, hat rein formal Urteilskompetenz unter Beweis gestellt.

Kompetenzen bedürfen stets einer inhaltlichen Bindung. Handlungs- und Sozialkompetenzen, die sich auf Interaktionen mit anderen beziehen, setzen sogar in besonderem Maße inhaltliche Bestimmungen voraus. Hierbei geht es nicht nur um sachliche Inhalte, sondern sogar um ethische Grundhaltungen, die inhaltlich vorausgesetzt werden. Wäre das nicht der Fall, dann wäre Sozialkompetenz lediglich eine funktionale Anpassungsleistung an einen nicht zu hinterfragenden Handlungsrahmen. Sozialkompetenz wäre dann auch gegeben, wenn jemand nach entsprechendem Reflexionsprozess zu dem Ergebnis käme, es sei eine akzeptable Verhaltensweise, Menschen anderer Hautfarbe zu verprügeln. Auf der Basis eines rein kompetenzorientierten Bildungsverständnisses wäre das einer respektvollen Verhaltensweise gegenüber gleichwertig, lediglich davon abhängig, in welcher Umgebung man sich bewegt und wie man sich dort funktional am besten anpasst. Jede Sozialkompetenz setzt also einen inhaltlichen ethischen Diskurs voraus.

Daraus resultiert, dass es ein sensibles Geschehen bleibt, zwischen unabdingbaren Grenzen von Werturteilen und Bevormundung zu unterscheiden. Man entflieht hierbei niemals der Paradoxie, dass inhaltliche ethische Vorgaben immer kritisch diskutiert werden müssen, gleichzeitig aber der ethische Diskurs einen prädiskursiven Werterahmen braucht. Gleichwohl kann der Weg instrumenteller Beliebigkeit im Interesse einer flexiblen Anpassung an gesellschaftliche Erfordernisse nicht ausreichen, Kompetenzen zu definieren. Deswegen bedarf es neben formaler Kompetenzen klar formulierter Inhalte als Basis für Urteilsbildung. Und es ist nötig, grundlegende pädagogische Absichten im Prozess der Urteilsbildung offenzulegen. Nicht alles ist beliebig und kompetente Effektivität muss sich auf ihre Absichten und Werte befragen lassen.

Dies gilt auch für die Institutionen des Bildungswesens in ihrem Funktionieren. Für diese gilt heute der Ausweis besonderer Kompetenzbindung und das Präsentieren von Alleinstellungsmerkmalen – und das flexible Umorganisieren und Ersetzen dieser, wenn der Markt es erfordert – als unabweisbar, um in der Marktkonkurrenz bestehen zu können. Nur der bekommt ausreichend Schüler oder Studenten, der ausweisen kann, dass er diese in optimaler Weise auf die Anforderungen vorbereitet, die die Gesellschaft von ihren künftigen Funktionseinheiten erwartet. Die Drohung des Herausfallens aus dem System strukturiert schon die Wahlentscheidung zur Grundschule bei denen, die sich solche Aufmerksamkeit leisten können. Die Gefahr, die hier entsteht, ist, dass die Anpassung an gesellschaftliche Erfordernisse der Reflexion der Frage, was eigentlich sinnvolle Bildungsziele seien, immer stärker vorausgeht. Wo Schulen in die Konkurrenz zueinander getrieben werden, profitieren letztlich bildungsfremde Interessen.

Nun könnte man ein Bildungskonzept, das sich auf die humane Selbstgestaltung des Subjekts ausrichtet, als stoisch-romantische Träumerei abtun, die angesichts der Konkurrenzanforderungen in der modernen Gesellschaft sowohl auf der Ebene der einzelnen Individuen als auch der unterschiedlichen Weltmachtblöcke als unzeitgemäß erscheint.

Dagegen spricht allerdings, dass eine Bildung, die lediglich reflexionslos Anforderungen befolgt, als spätestens durch die Totalitarismen des 20. Jahrhunderts diskreditiert gelten muss. Muss sich vielleicht eine primitive Gesellschaft, die angesichts der Naturgewalten um ihr Leben kämpft, tatsächlich zuerst an äußeren Anforderungen orientieren, so kann dies für eine Weltgesellschaft des 21. Jahrhunderts so nicht mehr gelten, da die Auswirkungen eines unreflektierten Überlebenskampfes gegen andere hier nur in maximaler Zerstörung enden können. Die technologische Entwicklung der Menschheit muss so weit irgend möglich eingeholt werden von einer humanen Bildung, die Aspekte wie Mitgefühl, Folgenabschätzung, Ambiguitätstoleranz und Kompromissfähigkeit in den Mittelpunkt stellt. Das aber kann nur einem Subjekt möglich sein, das sich selbst immer wieder reflektiert und von einer relativierenden und kritisch-liebevollen Selbstbetrachtung zu einem respektvollen Weltumgang kommt.

3 DIE GRENZEN DES WISSENS UND DIE GRENZEN DER MACHT

3.1 Erkenntnis des Nichtwissens

Jedes Wissen ist notwendig begrenzt. Die Einsicht in die Relativität des eigenen Standpunktes kennzeichnet erkenntnistheoretische Klugheit ebenso wie humanitären Geist. Wer den eigenen Standpunkt verabsolutiert, der negiert die Sicht des anderen. Es gibt mithin keinen archimedischen Punkt in der menschlichen Betrachtung der Welt. Jedes Wahrnehmen, Erkennen und Urteilen bleibt im Bereich des »Vorletzten«.[70] Gerade die Sicht des Menschen darf nicht verabsolutiert werden. Der Mensch als freies und verantwortliches Wesen darf nicht dem Totalzugriff einer Objektivierungsperspektive unterworfen werden. Nichts ist dagegen zu sagen, den Menschen auch unter der ökonomischen Perspektive seines Wirtschaftens zu betrachten. Den Menschen aber allein als Homo oeconomicus zu verstehen, überschreitet die Grenze eines Totalzugriffs. Der Mensch ist mehr als jede Beobachterperspektive, die sich auf ihn anwenden lässt. Nur eine Pluralität der Sichtweisen des Menschen vermag eine monomane Objektivierung des Subjekts Mensch und damit in praktischer Konsequenz eine einseitige Zurichtung des Menschen zu verhindern.

70 Vattimo: Glauben – Philosophieren, 44: »Eine neutrale Sicht ist nicht nur nicht möglich; sondern sie wäre im strengen Sinne sinnlos: wie die Aufforderung, sich die Augen herauszureißen, um die Dinge objektiv zu betrachten.«

Alle Erkenntnis, und damit auch die Erkenntnis vom Menschen, beginnt mit der Einsicht in die Relativität des eigenen Erkennens, beginnt mit dem Wissen, *eigentlich* nicht zu wissen, eine Selbsterkenntnis, die der um die politische Erziehung seiner Mitmenschen besorgte Sokrates[71] diesen insbesondere nahelegte:

> »Im Gespräch mit ihm schien mir dieser Mann zwar vielen andern Menschen auch, am meisten aber sich selbst sehr weise vorzukommen, es zu sein aber gar nicht. Darauf nun versuchte ich ihm zu zeigen, er glaubte zwar weise zu sein, wäre es aber nicht; wodurch ich dann ihm selbst verhaßt ward und vielen der Anwesenden. Indem ich also fortging, gedachte ich bei mir selbst, als dieser Mann bin ich nun freilich weiser. Denn es mag wohl eben keiner von uns beiden etwas tüchtiges oder sonderliches wissen; allein dieser doch meint zu wissen, da er nicht weiß, ich aber, wie ich eben nicht weiß, so meine ich es auch nicht. Ich scheine also um dieses wenige doch weiser zu sein als er, daß ich, was ich nicht weiß, auch nicht glaube zu wissen.«[72]

Der Auszug aus der Apologie des Sokrates, oftmals paraphrasiert in dem Satz »Ich weiß, dass ich nicht(s) weiß«, mahnt, die Grenzen der eigenen Erkenntnisfähigkeit nicht aus dem Blick zu verlieren. Nur, wer um die Begrenztheit des eigenen Erkennens weiß, vermag schließlich zu tieferem Wissen vorzudringen. In der Reflexion der eigenen Wissensbegrenztheit kommt auch eine Machtbegrenzung zum Ausdruck. Wer sein eigenes Wissen relativiert, relativiert auch seine Rolle im Machtspiel.

71 Vgl. Böhme, Gernot: Der Typ Sokrates, 3., erweiterte Aufl., Frankfurt a. M. 2002, 40 u. 44.

72 Platon: Des Sokrates Apologie 21c–d, in: Platon: Werke in acht Bänden. Griechisch und Deutsch, Bd. 2, Übersetzung von Friedrich Schleiermacher, bearb. von Heinz Hofmann, Darmstadt [3]1990, 1–69, hier: 13–15.

»Auf ihrer kritischen Seite, ich verstehe kritisch in einem sehr weiten Sinne, ist die Philosophie das, was alle Erscheinungen der Herrschaft, auf welcher Ebene und in welcher Form auch immer sie sich darstellen, immer wieder politisch, ökonomisch, sexuell, institutionell usw. in Frage stellt. Diese kritische Funktion der Philosophie leitet sich bis zu einem gewissen Punkt vom sokratischen Imperativ ab: ›Befasse dich mit dir selbst‹, was bedeutet: ›Gründe deine Freiheit auf die Meisterung deiner selbst‹.«[73]

Eine solche Erkenntnis steht dem Optimismus der Kompetenzorientierung natürlich entgegen, die sich alles zuhanden macht und es verfügbar weiß, wenn nur die entsprechende Kompetenzstufe erreicht ist. Für Zweifel ist hier keine Zeit, bestenfalls für Evaluation.

Radikaler noch stellt Paulus im 1. Korintherbrief die Begrenztheit allen menschlichen Erkennens heraus:

»Wir sehen jetzt durch einen Spiegel ein dunkles Bild; dann aber von Angesicht zu Angesicht. Jetzt erkenne ich stückweise; dann aber werde ich erkennen, wie ich erkannt bin« (1. Kor 13,12).

Hinsichtlich aller Erkenntnis gilt ein eschatologischer Vorbehalt[74], der auch durch die Bemühungen des Weisen niemals aufzuheben ist. Die Charakterisierung aller Erkenntnis als im ἀίνιγμα, in der Rätselhaftigkeit des Bildes befangen, mahnt, das menschliche Weltbild (und Gottesbild) nicht als Abbild zu verstehen, sondern als verrätselt in seiner Spiegelhaftigkeit. Ein direkter Zugang zum Sein selbst ist nicht möglich.

Die Philosophie Foucaults macht sich eben diesen Zweifel an der Erkenntnis und ihrer (universellen) Gültig-

---

73 Foucault: Die Ethik der Sorge um sich als Praxis der Freiheit, 902.

74 Zum Begriff vgl. Metz, Johann Baptist: Zur Theologie der Welt, Mainz 1968.

keit zu eigen. Eine Wurzel des Foucaultschen Denkens ist hier sicherlich bei Nietzsche zu suchen. Foucault bezieht sich in seiner Vorlesung über »Die Wahrheit und die juristischen Formen«[75] auf Nietzsches wiederholtes Insistieren darauf, dass herausragende Charakterzüge des Menschlichen keine Naturgegebenheiten, keine Universalien des Daseins seien, sondern schlicht »Erfindungen«: Erkennen, Moral, Gewissen.[76] Er zitiert aus Nietzsches Schrift »Über Wahrheit und Lüge im außermoralischen Sinn«, wo dieser davon spricht, dass es einmal »ein Gestirn [gab], auf dem kluge Tiere das Erkennen erfanden«[77]. Ein solches Grundmisstrauen gegenüber dem Postulat humaner Universalien zieht sich ebenfalls wie ein roter Faden durch das Werk Foucaults; denn jeder, der Universalien behauptet, versucht damit, seine Lesart und seine Zuschreibungen festzuschreiben, und verhüllt das, was zu enthüllen wäre: den Modus, nach dem hier eine Zuschreibung konstruiert wird.

Foucault spricht über die Modi, in denen etwas erkannt wird, über die Strategien, mit denen etwas zum Erkenntnisobjekt gemacht wird. Durch diesen im Zweifel an allen Universalien gegründeten Ansatz setzt Foucault epistemologisch das um, was der eschatologische Vorbehalt einfordert: die Anerkenntnis der Begrenztheit und des noeti-

75 Foucault, Michel: Die Wahrheit und die juristischen Formen (1974), in: ders: Schriften II, 669–792, hier: 675.

76 Vgl. Nietzsche, Friedrich: Zur Genealogie der Moral. Eine Streitschrift, in: ders.: Kritische Studienausgabe Bd. 5, hg. von Giorgio Colli und Mazzino Montinari (1980, 2., durchges. Aufl. 1988), München [11]2010, 245–412, hier: 323: »Der Mensch, [...] dieser Narr, dieser sehnsüchtige und verzweifelte Gefangene wurde der Erfinder des ›schlechten Gewissens‹.«

77 Nietzsche, Friedrich: Über Wahrheit und Lüge im außermoralischen Sinn (1873), Leipzig 1896, 1, zitiert nach Foucault: Die Wahrheit und die juristischen Formen, 675.

schen Charakters aller Wirklichkeitsbeschreibung, bei ihm in gesellschaftskritischer Perspektive.

Karlheinz Ruhsdorfer akzentuiert demgegenüber, dass sich das Werk Foucaults dem Zugriff einer christlichen Deutung gerade in Hinsicht auf seine Epistemologie eher entziehe. Foucaults Denken bestimmt er als Denken im Gefolge des linguistical turn, das jede punktuelle Konversion und Glaubensüberzeugung zunichtemache. Gleichwohl sieht er Reste einer »christlichen Weisheit« bei Foucault, die sich in dessen Interesse für die Andersartigen und Marginalisierten zeige.

> »Foucault anerkennt die negierende Tat der Moderne, allem voran diejenige Nietzsches. […] Damit verlischt bei Foucault die Spur neutestamentlicher Weisheit. Sie hinterlässt lediglich die Spur des Verlöschens der Spur. […] Eine anders geartete Spur paulinischer Weisheit zeigt sich in der Foucaultschen Sympathie für die Schwachen, Verrückten, Kriminellen, Abweichenden. Das, was vor der Welt nichts ist, hat scheinbar auch Foucault erwählt. Auch er will das Mächtige, Starke, die Herrscher dieser Welt zuschanden machen, um das, was in den Augen dieser Welt ›nichts‹ ist, frei zu setzen. Dabei ist er jedoch nicht von christlichem Gedankengut motiviert.«[78]

Gerade diese »anders geartete Spur« zeigt das gemeinsame Strukturmerkmal auf zwischen dem Foucaultschen Denken, das sich nicht festlegen lassen will, und dem Anspruch eines christlichen Denkens, das die Jenseitigkeit aller Wahrheit tatsächlich ernst nimmt.

---

78 Ruhsdorfer, Karlheinz: Eine Spur christlicher Wahrheit? Michel Foucault und die Grenzen der Postmoderne, in: Bauer, Christian/ Hölzl, Michael (Hg.): Gottes und des Menschen Tod? Die Theologie vor der Herausforderung Michel Foucaults, Mainz 2003, 65–77, hier: 74 f.

Ein paralleles Interesse zwischen der Theologie und Michel Foucaults Denken zeigt J. Joyce Schuld anhand eines Vergleichs zwischen Foucault und Augustin auf. Beide erweisen sich als ausgesprochen kritisch gegenüber der Erkenntnis, die sie als historisch und sozial bedingt betrachten, was folgerichtig stets auch zu Vorsicht gegenüber den eigenen Einsichten führt.

> »Both […] would actually be working off the same concern and intuition: a profound suspicion of all temporal judgments and the socially and historically constituted desires and habits that inform them. And each, at different times in his career, seems to recognize to some degree his own vulnerabilities. Augustine, although he looks to an eschatological perspective for guidance in stabilizing noetic and moral activities, admits that we can only see ourselves and our world through a glass darkly and thus must remain vigilant about the possibility of misinterpretation and becoming puffed up with arrogant certainty. Foucault is also keenly aware of the ingenious ways that our self-interests can co-opt even the best effort to see things anew and so prods us to move around constantly, shifting about and peering from this view and that in an endless search for critical insights.«[79]

3.2 Befreiung von Machtparalysen

Die Foucaultsche Macht- und Wissensanalyse und die christliche Theologie teilen also in der Rezeption des politökonomischen Pädagogikdiskurses das Interesse eines Vorbehalts vor unreflektierten Totalzugriffen. Und beide teilen das Anliegen, dass Herrschaftsstrukturen aufgebrochen werden

79 Schuld, J. Joyce: Foucault and Augustine. Reconsidering Power and Love, University of Notre Dame 2003, 44.

sollen. Christliche Theologie argumentiert hier von einem Menschenbild her, das durch drei Grunddaten geprägt ist:

a) die Gottesebenbildlichkeit des Menschen als in Freiheit und Verantwortung Agierendem; der, weil er nicht perfekt ist, fehlen kann, in diesem Verfehlen aber durch die freie Gnade Gottes gerechtfertigter Sünder ist;
b) ein Gottesverständnis, das den Menschen aus Gefangenschaften physischer (Ägypten) und psychologisch-ideologischer Art (Bilderverbot) befreit, einschließlich der Fixierung auf ein totalitäres Gottesbild;
c) das von Fremdbestimmung er-lösende Handeln Jesu.

Durch diese drei Aspekte wird eine Betrachtung der Mikrophysik der Machtausübung und Herrschaftsverfestigung politökonomischer Interessen sowie eine Analyse ihrer Strategien der Seelenleitung zum exorzistischen Akt gegenüber einem Menschenbild, das Menschen (Lehrer und Schüler) als zum Homo oeconomicus zuzurichtende Klienten im kapitalistischen Verhaltenstherapielabor versteht.

In allen drei Aspekten des christlichen Menschenbildes geht es darum, mit Foucault zu sprechen, der Verfestigung von Macht in Herrschaft zu wehren. Der Mensch als Ebenbild Gottes muss – in aller Fehlbarkeit – Entscheidungen selber treffen und darf seine Verantwortung nicht an eine Herrschaftsstruktur abgeben oder sie sich von einer abnehmen lassen, die ihn von seiner Eigenverantwortlichkeit suspendieren will. Stets muss der Mensch selber verantwortlich Entscheidungen treffen. Der Fehlbarkeit und der Gefahr, schuldig zu werden, kann er sich dabei nicht entziehen. All seine Entscheidungen im Vorletzten trifft der Mensch aus eigener Verantwortung heraus, in dem Wissen darum, im Letzten der vergebenden Gnade Gottes zu bedürfen. Eine ethisch-moralische Stillstellung des Menschen durch Verantwortungsabnahme – wie sie zum Beispiel als »Befehlsnotstand« gedacht werden kann – liefert das ethische Denken einer Herrschaftsstruktur aus. Denken wird durch Folgeleisten ersetzt und das Flotieren der Machtansprüche unterschiedlicher Verantwortungsaspekte erstarrt.

Dem korrespondiert das Verbot der Verabsolutierung von Bildern: »... und bete sie nicht an«. Idolatrie besteht in der Verabsolutierung von Sichtweisen, sei es Gottes, des Menschen oder der Welt. Der grundsätzliche Vorbehalt gegenüber allen Ontologisierungen, wie ihn Foucault speziell im Blick auf den Menschen hervorhebt, soll davor bewahren, Betrachtungsperspektiven absolut zu setzen. Die ägyptische Sklaverei besteht in der Absolutheit des Machtanspruchs, dem Folge zu leisten ist, und der doch nichts anderes ist und kennt als sich selbst und die Kräfte des Menschen absorbiert: das Goldene Kalb, »das uns vorangehen soll«.

Schließlich zeigen die Wunder Jesu, insbesondere die Exorzismen, eine Befreiung aus der Fixierung von Selbst- und Fremdwahrnehmungen, die Partizipation unmöglich machen. Die Wunder Jesu spielen sich vielfach im Umfeld der Unterscheidung zwischen Reinheit und Unreinheit ab. Der Kranke gilt als unrein, ebenso wie der mit den Heiden Kollaborierende. Daraus ergibt sich eine Stillstellung des Betroffenen in sozialer Hinsicht. In Foucaultscher Terminologie: Der Betreffende kann am Machtspiel nicht mehr teilnehmen. Eine fixierte Außenwahrnehmung, eine Objektivierung des Subjektes erfolgt im Sinne einer Stillstellung, einer Desintegration. Dies sei an zwei Beispielen erläutert.

Der Besessene von Gerasa, Mk 5,1–20. lebt in den Grabhöhlen, an einem Ort, der Unreinheit par excellence symbolisiert. Niemand ist mehr in der Lage, ihn noch zu bändigen. Da man ihn gesellschaftlich nicht stillzustellen vermag, kann oder darf – das wird nicht geklärt – er sich nicht mehr in der Gesellschaft aufhalten. Er muss jenseits der Welt der Integrierten leben.

> »So kamen sie in das Gebiet der Gerasener am gegenüberliegenden Ufer des Sees. Jesus war kaum aus dem Boot gestiegen, als ihm aus den Grabhöhlen ein Mann entgegenlief, der von einem bösen Geist besessen war. Er hauste dort in den Grabhöhlen, und niemand war mehr in der Lage, ihn zu bändigen, nicht einmal mit Ketten. Man hatte ihn zwar schon oft an Händen und Füßen gefesselt, doch jedes Mal hatte er die Ketten zerrissen und die Fußfesseln zerrieben; keiner wurde mehr Herr über ihn.«

Der Mensch ist nicht mehr Herr über sich selbst. Dies zeigt sich sowohl in der massiven Autoaggression als auch darin, dass er selbst gar nicht mehr in der Lage ist, zu kommunizieren, sondern der »Geist«, der ihn besessen hat, aus ihm spricht.[80] In der Folge wehrt sich der Besessene gegen seine Heilung: Die Ausgrenzung wird zur Selbstausgrenzung.

> »Tag und Nacht war er ununterbrochen in den Grabhöhlen oder auf den Bergen und schrie und schlug mit Steinen auf sich ein. Kaum hatte dieser Mann Jesus von weitem erblickt, kam er herbeigerannt und warf sich vor ihm auf die Knie. Er schrie mit lauter Stimme: ›Was willst du von mir, Jesus, Sohn Gottes, des Allerhöchsten? Ich beschwöre dich bei Gott: Quäle mich nicht!‹ Denn Jesus war ihm sofort mit den Worten entgegengetreten: ›Verlass diesen Menschen, du böser Geist!‹«

---

80 Zur psychologischen Interpretation der Symptome vgl. Drewermann, Eugen: Tiefenpsychologie und Exegese. Band II. Die Wahrheit der Werke und der Worte. Wunder, Vision, Weissagung, Apokalypse, Geschichte, Gleichnis, Olten 1985, 246–277.

Auf Nachfrage stellt sich heraus, dass die Besessenheit durch multiple Geister erfolgt. Die Heilung erfolgt, indem die autoaggressiven Geister auf ein anderes Objekt übertragen werden.

> »Nun fragte ihn Jesus: ›Wie heißt du?‹ – ›Ich heiße Legion‹, antwortete er, ›denn wir sind viele.‹ Und er flehte Jesus an, sie nicht aus jener Gegend fortzuschicken. Nicht weit von dort weidete am Berghang eine große Herde Schweine. ›Lass uns doch in die Schweine fahren!‹, baten die Dämonen. Jesus erlaubte es ihnen, und die bösen Geister verließen den Mann und fuhren in die Schweine. Da stürzte sich die ganze Herde – etwa zweitausend Tiere – den Abhang hinunter in den See und ertrank. Die Schweinehirten liefen davon und berichteten alles in der Stadt und in den Dörfern.«

Das Interessante an der Perikope liegt in ihrer sowohl psychologischen als auch sozialgeschichtlich-politischen Interpretierbarkeit. Der Besessene kann zum einen als Schizophrener oder multiple Persönlichkeit gedeutet werden, der die konstruktive Selbststeuerung abhanden gekommen ist, als ein Mensch, der in Isolation und Partizipationslosigkeit zwischen den Gräbern, d. h. sozial tot, dahinvegetiert. Zum anderen ist die Geschichte vor dem konkreten politischen Hintergrund auch als Reflexion der Unterdrückungserfahrung durch die römischen Legionen zu verstehen. In dem besessenen Gerasener zeigt sich die Auswirkung der römischen Besetzung: Man ist nicht mehr Herr seiner selbst und die Pax Romana erweist sich als Grabesstille eines Bedrohungsszenarios. Demgegenüber erscheint Jesus als derjenige, der die Fremdherrschaft aufbrechen kann.

»Die sozialgeschichtliche Auslegung von Mk 5,1–20 im Kontext von ›Dekapolis-Erfahrungen‹ während des Römisch-Jüdischen Krieges propagiert eine Handlungsalternative zur zwanghaften Demonstration der Rom-Loyalität, die in der schwierigen multiethnischen Gemengelage der Dekapolis (und vermutlich auch der markinischen Gemeinde irgendwo im Römischen Reich) um der eigenen Sicherheit und des Friedens willen zu Sondierungen (Juden hier, Griechen dort) und Abschiebungsmanövern (vgl. V. 17) führen kann. Worüber sich die Menschen ›wundern‹, wenn ihnen der Gerasener alles erzählt, was Jesus ihm getan hat, ist dann schlicht und einfach: dass Jesus als Sohn des höchsten Gottes von diesem Besatzungsmachtdruck befreien kann. Besser: Die Besatzungsgeister selbst bezeugen in der Erzählung, dass bereits ein anderer das Sagen hat.«[81]

---

81 Ebner, Martin: Wessen Medium willst du sein? (»Die Heilung des Besessenen von Gerasa«), http://www.ev.theologie.uni-mainz.de/zimmermann/wunderkompendium/downloads/texte_band_1_wunder_jesu/208_Mk5,1-20_Ebner_7-2-2011.pdf, 11 f. Zum Thema Legion schreibt er (6): »›Legion‹ – der Name sagt alles. Im 1. Jh. n. Chr. gibt es im Mittelmeerraum wohl niemanden, der dabei nicht an die römische Truppeneinheit denkt, deren Größe für die Kaiserzeit mit etwa 5000 Mann angegeben wird (10 Kohorten zu je 480 Mann, die sich jeweils aus 6 Zenturien zu jeweils 80 Mann zusammensetzen: Gilliver 2003, 25). Legionen sind die Eroberungsmaschinen der römischen Herrschaft. Sind die Länder erst einmal unterworfen und unter Steuerpflicht gebracht, dann garantieren sie die sogenannte *pax Romana*. Anders gesagt: Sie stehen als Drohkulisse überall einsatzbereit, wo es brennt (im 1. Jh. n. Chr. z. B. an der Parthergrenze in der Euphratregion Nordsyriens) und sorgen im Notfall für Ruhe und Ordnung. Die Bevölkerung muss für die Versorgung aufkommen und Transportmittel zur Verfügung stellen. Die Legionen leben vom Land und seinen Erträgen. Insofern reagiert unser Legion-Dämon völlig gattungsgemäß, wenn er Jesus darum bittet, nicht *außer Landes* verlegt zu werden. Einen ›normalen‹ Dämon kümmert das Land nicht, er braucht ein biologisches Wirtstier, das unsere Dämonen-Truppe dann auch sofort erspäht: die Schweineherde. Und es gehört zu den besonders amüsanten Erzählzügen unseres Textes, dass im Zusammenhang mit diesem ›Umzug‹ Vokabeln ausgewählt werden, deren Obertöne militärische Operationen imaginieren lassen (in der Übersetzung kursiviert). Dabei erscheint Jesus in der Rolle als

Der Geheilte ist nun ruhig, er tobt nicht mehr herum, und er ist bekleidet und bei »klarem Verstand«. Die totale Herrschaft der unreinen Geister, die dem Besessenen keine eigenen Handlungsoptionen mehr ließ, ist vorbei. Später will er sich Jesus anschließen, was dieser aber nicht akzeptiert: Er soll stattdessen zu seinem »Haus« zurückkehren und beginnt sodann, das Evangelium in der Dekapolis zu verkünden.

> »Die Leute machten sich auf den Weg, um mit eigenen Augen zu sehen, was geschehen war. Als sie zu Jesus kamen, sahen sie den Besessenen bei ihm. Der Mann, in dem die Legion Dämonen gewesen war, saß jetzt da, bekleidet und bei klarem Verstand. Da bekamen sie es mit der Angst zu tun. Nachdem sie von den Augenzeugen erfahren hatten, was mit dem Besessenen und mit den Schweinen geschehen war, drängten sie Jesus, ihr Gebiet zu verlassen.«[82]

Als zweites Beispiel für eine Wunderdeutung im Verstehenshorizont von Macht und Machtlosigkeit kann die Erzählung vom blinden Bartimäus dienen. Die Geschichte zeigt sehr deutlich eine Öffnungsbewegung des Kranken zur Welt hin. Der, der am Anfang am Rand, am Straßen-

---

Oberbefehlshaber (er gibt eine Order/ἐπιτρέπειν bzw. ihm obliegt es, eine Legion zu verlegen/ἀποστέλλειν) und der Legion-Dämon als Truppe, die im Gleichschritt Richtung Abhang stürmt/ὡρμᾶν. [...] Dass es ausgerechnet Borstentiere sind, auf die es der Legion-Dämon abgesehen hat, macht vermutlich einen besonderen Clou der Erzählung aus: Denn der Eber war eines der Wappentiere der *legio X Fretensis*, die spätestens 14 n. Chr. nach Syrien verlegt wurde, unter dem Oberbefehl des späteren Kaisers Vespasian an der Niederschlagung des Jüdischen Aufstands beteiligt war, unter seinem Sohn Titus Jerusalem belagert und nach dessen Fall dort als Ordnungsgarant ihr Hauptquartier bezogen hat [...].«

82 Mk 5,14–17, Neue Genfer Übersetzung.

rand, sitzt, beginnt sich aus seiner passiven Machtlosigkeit zu lösen. Die anderen treten hier zunächst als Ausgrenzende, als Behindernde auf, sie unterstützen seinen Wunsch und seine Anstrengung nicht, sondern wollen ihn stillstellen. Als Jesus Bartimäus hört und ihn herbeiruft, passen sich die Umstehenden schnell der Situation an. Nun ermutigen sie den vorher Zurückgedrängten. Nur zu offensichtlich ist, wie sie ihr Fähnchen nach dem Wind drehen und nun als Unterstützer wirken möchten. Schließlich heilt der Glaube, das Vertrauen, des Bartimäus ihn, wie Jesus konstatiert.

> »Sie kamen nach Jericho. Als Jesus mit seinen Jüngern und einer großen Menschenmenge von dort weiterzog, saß ein blinder Bettler am Straßenrand, Bartimäus, der Sohn des Timäus. Er hörte, dass es Jesus von Nazaret war, der vorbeikam. Da fing er an zu rufen: ›Jesus, Sohn Davids, hab Erbarmen mit mir!‹ Von allen Seiten fuhr man ihn an, er solle still sein. Doch er schrie nur umso lauter: ›Sohn Davids, hab Erbarmen mit mir!‹ Jesus blieb stehen und sagte: ›Ruft ihn her!‹ Sie riefen den Blinden und sagten zu ihm: ›Hab nur Mut! Steh auf, er ruft dich!‹ Da warf der Mann seinen Mantel ab, sprang auf und kam zu Jesus. ›Was möchtest du von mir?‹, fragte Jesus. ›Lieber Herr‹, antwortete der Blinde, ›ich möchte sehen können!‹ Da sagte Jesus zu ihm: ›Geh nur! Dein Glaube hat dich gerettet.‹ Im selben Augenblick konnte der Mann sehen. Nun schloss er sich Jesus an und folgte ihm auf seinem Weg.«[83]

Den Prozess der Wiedererlangung von Kraft und Einfluss, das Sichöffnen zur Hoffnung hin, lässt sich an den Verben der Erzählung hervorragend aufzeigen.

---

83 Mk 10,46-52, Neue Genfer Übersetzung.

Das Verhalten bzw. Handeln des Bettlers kennzeichnen die folgenden Verben:

saß
hörte
fing an zu rufen
schrie
warf (seinen Mantel) ab
sprang auf.

Die Verben zeigen deutlich ein immer stärkeres Engagement, und die Gestik lässt sich als Öffnungsprozess nachzeichnen. Vom Sitzen geht es zum Hören über, bei dem man an ein Recken des Kopfes denken kann. Das Rufen wird zum Schreien. Beim »Mantel« (ἱμάτιον) ist an ein leicht durch Ausbreiten der Arme abzuwerfendes Obergewand zu denken. Der solchermaßen sich geöffnet Habende springt schließlich auf.

Beide Geschichten zeigen exemplarisch Strukturen von Ausgrenzung und Selbstausgrenzung, die durch Jesu Intervention (in Verbindung mit dem vertrauenden Handeln des »Kranken«) aufgebrochen werden. Sowohl der Besessene als auch der Blinde sind beide im wahren Sinne des Wortes »machtlos«. Sie sind ausgegrenzt, werden nicht gehört bzw. zum Schweigen gebracht, und es fehlen ihnen Mut und Perspektive zur Veränderung. Die Außenzuschreibung der Machtlosigkeit ist zu einer Selbstzuschreibung geworden, die die bestehenden Machtstrukturen verstärkt; im Falle des Besessenen ist der Identitätsverlust total, auf der Ebene einer individuell psychologischen Ebene ebenso wie auf der einer machtpolitischen. Heilung bedeutet Wiedergewinnung des eigenen Subjektseins, und zwar im Sinne eines sich selbst regierenden Selbst, nicht im Sinne eines unterworfenen Subjekts (subiectum).

4 FLUIDE MACHTSTRUKTUREN, SELBSTSORGE UND PARRHESIASTISCHE EXISTENZ

Welche positiven Schlussfolgerungen aber sind aus dem Dargelegten zu ziehen? Nachdem die derzeitigen Herrschaftsstrukturen, die das freie Machtspiel der Bildung steuern und blockieren, mithilfe Foucaultscher Terminologie und biblisch-theologischer Bezugnahme durchschaubar geworden sind, stellt sich die Frage, wie ein Spielfeld von Bildung zu bereiten ist, das Freiheitsräume für die Subjekte eröffnet.

Hierzu wird im Folgenden ein intertextuelles Wahrnehmungsfeld dargestellt, in dem Texte des Paulus, der Weisheit, der Stoa sowie des Kynismus in Verbindung mit einer spezifischen Lesart des Wirkens Jesu sich zu einem Konzept reflektierter Selbstsorge und parrhesiastischer Existenz verdichten. Dieses textuelle Beziehungsspiel soll nicht alles egalisieren, aber es fragt nach Anschlussstellen unterschiedlicher Denkrichtungen, auch wenn Differenzen nicht einfach zu übergehen sind. Erstaunlich bleibt doch, wie viel Gemeinsames im Blick auf Lebensgestaltung den unterschiedlichen Denkmodellen zu entnehmen ist.

4.1 Die Machtstruktur des Geistes

Das Gemeindemodell des Paulus nach 1.Kor 12 kann zuerst als Modell fluider Macht und religionspädagogisches Strukturprinzip dienen:

> »Es gibt viele verschiedene Gaben, aber es ist ein und derselbe Geist, der sie uns zuteilt. Es gibt viele verschiedene Dienste, aber es ist ein und derselbe Herr, der uns damit beauftragt. Es gibt viele verschiedene Kräfte, aber es ist ein und derselbe Gott, durch den sie alle in uns allen wirksam werden« (V. 4–6).

Das Wirken des Geistes zeigt sich nach Paulus bei allen Gemeindegliedern. Die Kraft des Geistes wirkt in unterschiedlichen Formen und Relationen in und zwischen den einzelnen Gliedern der Gemeinschaft. Auf Anhieb scheint der Geist hier stärker ontologisch gedacht als bei Foucault der Begriff der Macht.[84] Aber auch der Geist wird letztlich nur erkennbar in seinem Wirken und nicht an sich. Der Geist an sich ist nicht greifbar, sondern jeweils nur in seinem Wirken an den Einzelnen und in Beziehungen erkennbar.[85]

---

84 Schuld: Foucault and Augustine, 40, parallelisiert den Foucaultschen Machtbegriff mit dem Liebesbegriff Augustins: »One can likewise see in Augustine's work a concern with the ways in which power, or in his words, rightly ordered or disordered love circulates. But he would place at the heart of such a vascular metaphor the moving grace of God without which all other life-sustaining movements would cease to function. One cannot participate in nourishing loves or powers by severing the social body into separately interacting parts, one cut off from the other.« Macht bzw. Liebe erscheinen hier gleichsam als inhärente Kräfte in einem sozialen »Körper«. Gleichwohl übergeht Schuld nicht die Differenz in der ontologischen Basis dieses Kraftfeldes, dem Augustin im Gegensatz zu Foucault ein Zentrum zuordnet (ebd., 42): »Given their different philosophical and theological orientations, some illuminating differences emerge, when we compare Augustine's and Foucault's analysis of how social power engages and spreads among participants. The most obvious is that whereas Augustine envisions an ontological and evaluative center to networks of power, Foucault pictures an arbitrarily interwoven mesh of relations that has no centering axis.«

85 Tillich, Paul: Systematische Theologie III, Berlin, ^{8}1987 (amerik. 1963), 32: »Als Kraft des Lebens darf der Geist nicht mit dem anorganischen Substrat, das durch ihn beseelt wird, identifiziert

Der Individualität des Einzelnen darf nicht vorgegriffen werden. Vielmehr muss sich im Wirken des Geistes erweisen, in welcher spezifischen Weise der je Einzelne im Gesamt des Kräftespiels zum Ganzen beiträgt:

> »Bei jedem zeigt sich das Wirken des Geistes auf eine andere Weise, aber immer geht es um den Nutzen der ganzen Gemeinde« (V. 7).

Erst das Gleichgewicht des Unterschiedlichen ermöglicht die körperanaloge Funktionsweise des Ganzen.

> »Denkt zum Vergleich an den menschlichen Körper! Er stellt eine Einheit dar, die aus vielen Teilen besteht; oder andersherum betrachtet: Er setzt sich aus vielen Teilen zusammen, die alle miteinander ein zusammenhängendes Ganzes bilden. [...]« (V. 12).

Im Diskurs der unterschiedlichen Fähigkeiten sind hierbei durchaus Zuordnungen notwendig, die auf den je spezifisch unterschiedlichen Fähigkeiten beruhen. Diese begründen aber keine Herrschaft der einen über die anderen.

> »Das alles gilt nun auch im Hinblick auf euch, denn ihr seid der Leib Christi, und jeder Einzelne von euch ist ein Teil dieses Leibes. Gott hat in der Gemeinde allen eine bestimmte Aufgabe zugewiesen. An erster Stelle sind die Apostel zu nennen, an zweiter die Propheten, an dritter die Lehrer. Weiter gibt es die, die dazu befähigt sind, Wunder zu tun oder denen die Gabe des Heilens geschenkt ist oder die imstande sind, praktische Hilfe zu leisten oder Leitungsaufgaben zu übernehmen, oder die in Sprachen reden können, die von Gott eingegeben sind. Sind etwa alle Apostel? Sind alle Propheten? Sind alle Lehrer? Natürlich nicht! Es sind auch nicht alle dazu befähigt, Wunder zu tun; nicht alle haben die Gabe des Heilens; nicht alle können

---

werden. Er ist vielmehr die Macht der Beseelung selbst und nicht ein Teil, der dem anorganischen System hinzugefügt wird.«

in einer von Gott eingegebenen Sprache reden oder das Gesagte in verständlichen Worten wiedergeben. Allerdings ist der Nutzen für die Gemeinde nicht bei allen Gaben gleich groß. Bemüht euch um die Gaben, die der Gemeinde am meisten nützen!« (V. 27–31).[86]

Sachbezogene Autoritäten und Zuständigkeiten sind nicht von vornherein zu verwerfen, sondern erweisen sich im Prozess des Machtspiels durch ihre spezifischen Eingaben als hilfreich. Gerade das Machtspiel der unterschiedlichen Perspektiven – Verkündigung, Lehre, Diakonie, Heilung – hält das Gesamtgefüge der christlichen Gemeinde in Bewegung und verhindert ein Abgleiten der auf eine komplexe Wirklichkeit der Welt bezogenen Gemeinde in einen verengenden Monismus. Konflikte um die Gestalt der Kirche innerhalb der Kirche spiegeln also immer ein konstruktives Machtspiel, das der Realitäts- und damit Evangeliumsangemessenheit ihrer Gesamtgestalt Rechnung trägt. Wo sich eine Perspektive dergestalt durchsetzt, dass sie den anderen Ansprüchen keinen Raum mehr lässt, wird die Kirche intern herrschaftsgestaltig; z. B. indem sie alle Bemühungen einer Verkündigung unterwirft, die keine Räume für eigenes Denken und Reflektieren (Lehre) mehr lässt oder das diakonische Element ausblendet und damit lieblos wird, oder indem die Dominanz einer eindimensional verstandenen Seelsorge den gesellschaftskritischen Bildungsimpuls kirchlicher Aktivität ins Hintertreffen geraten lässt.[87]

86 Zitiert nach der Neuen Genfer Übersetzung.

87 Letzteres scheint angesichts der Sorge der Kirche um ihre Existenz und der gesteigerten Anfrage nach Seelsorge aus einer Opfer produzierenden Leistungs- und Turbogesellschaft heute eine besondere Gefahr darzustellen.

Es bedarf folglich eines Regelrahmens, der Übergriffe abzuwenden ermöglicht, wo Macht missbraucht wird, indem es zur Installierung und Ausübung von Herrschaft kommt.

Dem Subjekt muss also ermöglicht werden, sich jenseits von Steuerung und Herrschaft in die Machtspiele des Bildungsprozesses einzubringen und sich selbst und seine Weltsicht zu bilden. Dazu dürfen eben gerade nicht Interessen des polit-ökonomischen Komplexes die Strukturen der Bildung bestimmen und das Subjekt einer Objektivierung unterwerfen, die es nicht mehr als autonomes Subjekt zum Zuge kommen lassen.

Die am Bildungsprozess Beteiligten müssen in der Lage sein, an den Machtbeziehungen teilzuhaben, sich in diesen gemäß ihren Fähigkeiten und Bedürfnissen zu bewegen, ohne von vornherein einer bestimmten Subjektivierungsform unterworfen zu werden.

Spezifiziert man das Gesagte in Hinsicht auf das Subjekt im Unterricht, insbesondere im Religionsunterricht, so muss es darum gehen, Schülerinnen und Schüler zur Selbstsorge zu befähigen. Das bedeutet, eine Auseinandersetzung mit Sachthemen im Unterricht zu führen, die ihnen ermöglicht, durch die inhaltliche Auseinandersetzung sich selbst zu bilden, so dass sie fähig werden, sich anderen und anderem in Erkenntnis und Engagement zuzuwenden. Dabei ist gerade nicht auf Kompetenzen als instrumentalisierte Fähigkeitsbereitschaften abzuzielen, sondern auf eine Selbstauseinandersetzung, die nach der eigenen Stellung im Kontext von Anforderungen fragt.

4.2 Stoizismus und Weisheit

Der Foucaultsche Begriff der Selbstsorge, wie er ihn aus den antiken Texten ableitet, weist deutliche Parallelen auf zu dem, was man auch als Selbstbildung des Subjektes bezeichnet. Hierbei muss man festhalten, dass Foucault in seiner historisch-forschenden Form philosophischen Denkens nicht eigentlich ein ethisches Programm der Selbstsorge entwirft. Vielmehr analysiert er die Denkformen der Beschäftigung mit dem Selbst, seiner Bildung und den hieraus resultierenden ethischen Konsequenzen, ohne daraus direkte Handlungsanweisungen abzuleiten. Wenn wir im Folgenden den Gedanken der Selbstsorge zu einem pädagogisch und religionspädagogisch handlungsleitenden Prinzip erheben, so geschieht das zum einen über Foucault im strengen Sinne hinausgehend. Zum anderen bedeutet es auch nicht, dass die Konzepte der griechischen Philosophie schlicht und in jeder Hinsicht übernommen würden. Vielmehr sollen im Dialog mit der Foucaultschen Lesart griechischer, insbesondere stoischer Selbstsorgekonzepte und dem Versuch, dies auch biblisch zu spiegeln, Konturen eines handlungsleitenden religionspädagogischen Denkens gezeichnet werden.

> »Was mich an der hellenistischen Kultur, an der griechisch-römischen Kultur seit dem 4. Jahrhundert vor Christus und bis zum 2. und 3. Jahrhundert nach Christus interessiert hat, ist diese Vorschrift, wofür die Griechen einen spezifischen Terminus hatten, die *epimeleia heautou*: die Sorge um sich. Was nicht einfach nur heißt, an sich selbst interessiert zu sein, und ebenso wenig eine Neigung zur Ausschließung jeder Form von Interesse oder Aufmerksamkeit impliziert, die nicht auf sich selbst gerichtet wäre. *Epimeleia* ist ein sehr starkes Wort im Griechischen, das die Arbeit, den Fleiß und den Eifer, bezogen auf

eine Sache, bezeichnet. […] Was ein Arzt tut, wenn er einen Kranken behandelt, wird ebenfalls als *epimeleia* bezeichnet. Es ist daher ein Wort, das sich auf eine Aktivität, auf eine Aufmerksamkeit, auf eine Erkenntnis bezieht.«[88]

Die Selbstsorge geschieht also gerade nicht in der Perspektive einer weltabgewandten Selbstzufriedenheit. Die Sorge um sich selbst, um die eigene Charakterbildung, dient dem Aufbau eines sinnvollen und partizipierenden Weltverhältnisses. »Lebenskunst« im weitesten Sinne basiert auf einer gelingenden Sorge um sich selbst, deren Gefahr reiner Selbstbezüglichkeit freilich nicht von der Hand zu weisen ist.

»Zum anderen scheint es bei diesem Thema der *technê tou biou* im Verlauf der Antike eine Entwicklung gegeben zu haben. Schon Sokrates wies darauf hin, dass diese Kunst vor allem von der *Sorge um sich* beherrscht sein sollte. Im *Alkibiades* jedoch sollte man deshalb ›Sorge um sich tragen‹, um ein guter Bürger zu sein und um fähig zu sein, die anderen zu regieren. Ich glaube, dass sich diese Sorge um sich verselbstständigt und am Ende zu einem Zweck an sich wird. Seneca wollte schneller alt werden, um sich endlich mit sich selbst befassen zu können.«[89]

Dass die Sorge um sich selbst auf Anhieb in Spannung zu einer christlichen Ethik zu stehen scheint, die sich stets an den Nächsten verwiesen weiß, zeigt sich bei näherem Hinsehen als Scheinwiderspruch, da auch christlich keine Nächstenliebe ohne ein positives Selbstverhältnis zu denken ist. Nächstenliebe als Respekt vor dem Nächsten und Sorge um ihn ist biblisch mit der Selbstsorge untrennbar

88 Foucault, Michel: Zur Genealogie der Ethik. Ein Überblick über die laufende Arbeit (1984), in: ders.: Schriften IV, 747–776, hier: 765.

89 Foucault: Zur Genealogie der Ethik, 755 f.

verbunden: Liebe Deinen Nächsten wie Dich selbst. Der Satz verbindet Nächsten- und Selbstsorge untrennbar.

Theologische Bezüge zum Denken des späten Foucault, der an die Texte der antiken Philosophie, insbesondere Platons und der Stoa, in seiner letzten Vorlesung[90] auch an die Kyniker, anknüpft, lassen sich insbesondere in der Weisheitsliteratur erkennen.[91]

> »Unter Weisheit versteht man eine gemeinorientalische Philosophie, die in den unterschiedlichen Regionen des Alten Orient jeweils spezifische Ausprägungen erfahren hat und auch auf die griechisch-hellenistische Literatur nicht ohne Auswirkung geblieben ist (z. B. Stoa). Allen Weisheitstexten ist ein belehrendes Anliegen gemeinsam, das sich in den überwiegend didaktischen Gattungen der Weisheit widerspiegelt.«[92]

Die Weisheit als Denkrichtung und Literaturgattung besitzt immer schon Internationalität. Bezüge zum Denken in Ägypten sind vielfach aufgezeigt worden und in der »kulturellen Globalisierungsepoche« des Hellenismus entwickeln sich Wechselwirkungen unterschiedlicher Art zwischen

---

90 Foucault, Michel: Die Regierung des Selbst und der anderen II, Vorlesung am Collège de France 1983/84, Berlin 2010.

91 Grundlegende Einführung: Kaiser, Otto: Anweisungen zum gelingenden, gesegneten und ewigen Leben. Eine Einführung in die spätbiblischen Weisheitsbücher (ThLZ Forum Bd. 9), Leipzig 2003; in religionspädagogischer Perspektive: Husmann, Bärbel: Die Sprüche Salomos, in: Dressler, Bernhard/Schroeter-Wittke, Harald (Hg.): Religionspädagogischer Kommentar zur Bibel, Leipzig 2012, 182–187 und Schröer, Henning: Kohelet. Unterrichtsideen zum Prediger Salomo, in: Dressler/Schroeter-Wittke (Hg.): Religionspädagogischer Kommentar, 188–196 (zuerst veröffentlicht in: EvErz (ZPT) 38/1986, 188–196).

92 Lange, Armin: Weisheitsliteratur II. Altes Testament, in: RGG[4], Bd. 8, Tübingen 2005, Sp. 1366–1369, hier: 1366.

jüdischem und griechisch-philosophischem Denken. Hierbei lassen sich Ähnlichkeiten im Verständnis des Kosmos ebenso aufzeigen wie in ethischen Grundfragen und der grundsätzlichen Haltung, Lebensanweisungen zu vermitteln.

> »Bedingt durch die Umbrüche in hellenistischer Zeit entwickeln die Philosophen der Stoa ein Ideal des Weisen, das theoretische Einsicht in den Kosmos mit einer ethischen Grundhaltung verbindet. Die Weisheit als Wissen um die göttlich gefügte Welt begründet eine praktische Vernunft, die lehrbar ist und zur Glückseligkeit führt. Die Schriften Sirachbuch und Weisheit Salomos sind in ihrer Darstellung der Weisheit vor allem von der stoischen Tradition beeinflusst. Sie übernehmen die stoische Auffassung von einem rational gestalteten Kosmos, aber auch die enge Verbindung von Weisheit und Philosophie. Gleichzeitig halten Sirach und Weisheit Salomos jedoch am jüdischen Gesetz als konkretem Ausdruck des ethisch gebotenen Lebens fest.«[93]

---

93 Maier, Christl: Weisheit (Personifikation), in: wibilex.de, http://www.bibelwissenschaft.de/nc/wibilex/das-bibellexikon/details/quelle/WIBI/referenz/34659/cache/26f02aedcc1feed4e0c105e69a995c78/ (9/2012). Interessanterweise ist das Verhältnis von griechischer Philosophie und biblischer Weisheit in der Exegese wenig reflektiert. Ausnahmen bilden Braun, Rainer: Kohelet und die frühhellenistische Popularphilosophie (BZAW 130), Berlin 1973, der allerdings eine engere Verwandtschaft Kohelets mit der Stoa ablehnt und Zusammenhänge mit der kynischen Philosophie betont, sowie Müller, Hans-Peter: Kohelet im Lichte der frühgriechischen Philosophie, in: Clines, D. J. A/Lichtenberger, H./Müller, H.-P. (Hg.): Weisheit in Israel (ATM 12), Münster u. a. 2003, 67–80, den Kommentar von Lauha, Aarre: Kohelet (Biblischer Kommentar Altes Testament 19), Neukirchen-Vluyn 1978 (dort auch weitere Literatur). Insgesamt sieht man bei Kohelet und Jesus Ben Sirach noch die meisten Bezüge zu griechischer bzw. hellenistischer Philosophie. Grundlegend und dennoch für unsere Frage wenig ergiebig: Hengel, Martin: Judentum und Hellenismus. Studien zu ihrer Begegnung unter besonderer Berücksichtigung Palästinas bis zur Mitte des 2. Jh.s v. Chr. (WUNT 10) 3., durchgesehene Aufl., Tübingen 1988. Man vergleiche auch noch die älteren Werke von Paul Heinisch (siehe Literaturverzeichnis).

Die Auseinandersetzung mit der Weisheit dient nicht nur einer theoretischen Einsicht über Gang und Wesen der Welt, sondern auch und gerade der Ausbildung einer verantwortungsvollen, sich ihrer selbst bewussten Persönlichkeit.

> »Der Weise wird idealtypisch als selbstbeherrschter und gerechter Mann geschildert, der auf dem Weg des Lebens wandelt.«[94]

In dieser Bemühung um das Leben des Einzelnen und die Frage, wie sein Leben – auch konkret – in sinnvoller Weise – der Schöpfungsordnung entsprechend und ethisch gut – zu führen sei, liegt nicht nur ein starkes Anliegen der Weisheit, sondern auch der populären griechischen Philosophie der sog. Achsenzeit.[95] In der biblischen Weisheitsliteratur erscheinen Selbstsorge und ethisches Handeln ebenso miteinander verwoben, wie Foucault dies aus den antiken lateinischen und griechischen Texten erhebt. So heißt es im Buch der Sprichwörter:

> »Ein Langmütiger hat viel Einsicht, aber ein Ungeduldiger stellt seine Torheit zur Schau. Ein gelassenes Herz ist Leben für den Leib, Leidenschaft aber ist Knochenfraß. Wer einen Geringen unterdrückt, schmäht seinen Schöpfer, aber wer Erbarmen hat mit einem Armen, ehrt ihn. Durch seine Bosheit wird ein Frevler gestürzt, aber ein Gerechter ist selbst im Tod geborgen. Weisheit bleibt im Herzen des Verständigen, bei den Dummen aber zeigt sie sich nicht. Die Gerechtigkeit erhöht eine Nation, aber die Sünde ist die Schande der Nationen.«[96]

Ein Vergleich zwischen der Weisheit Salomos und Hesiod findet sich beim frühen Hölderlin. Vgl. Hölderlin, Friedrich: Parallele zwischen Salomons Sprüchwörtern und Hesiods Werken und Tagen, in: ders.: Sämtliche Werke und Briefe, Bd. II, Darmstadt 1998, 28–39.

94 Lange: Weisheitsliteratur II. Altes Testament, 1367.

95 Nach Karl Jaspers Bezeichnung die Zeit zwischen 800 und 200 vor Christus.

96 Sprichwörter 14,29–34, zit. nach der Zürcher Bibelübersetzung. Kaiser, Otto: Art. Weisheitsliteratur, in Evangelisches Kirchenle-

Nimmt man sich nur dieses kurze Stück aus dem Buch der Sprichwörter vor, so lassen sich doch theologische als auch pädagogische Leitlinien ziehen – beides ist hier verwoben. Und es lassen sich leicht auch Parallelen zum stoischen Denken aufzeigen. Geduld wird hier als Ausweis von Weisheit verstanden, Ungeduld als Zeichen der Torheit. Und es wird zu Gelassenheit aufgerufen. Diese Gelassenheit wird als durchaus gesundheitsfördernd angesehen. Wer »lassen« kann, schont seinen Leib bzw. ermöglicht ihm Leben. Die Eifersucht hingegen zerfrisst den Menschen, macht ihn krank. Ein ähnlicher Aufruf findet sich bei Cicero, der Weisheit als Schutz vor bzw. Gegenkraft gegen das »Ungestüm der Lüste« und die Schrecken der Furcht sieht. Weisheit, hier verstanden als eine Einsicht ins Leben, eine Art realistischer Blick, soll dazu helfen, ein glückliches, ein lustvolles Leben zu führen, das sich nicht in sinnloses Eifern versteigt.

> »Wenn man sieht, wie der Irrthum und die Unwissenheit das ganze Leben in Verwirrung bringt, und wie nur die Weisheit uns vor dem Ungestüm der Lüste und den Schrecknissen der Furcht schützt; wie sie selbst das Unrecht des Schicksals uns mit Geduld ertragen lehrt und die Wege weist, welche zur Ruhe und zur Freiheit von Gemüthsbewegungen führen, wie konnte man

---

xikon. Internationale theologische Enzyklopädie, hg. von Erwin Fahlbusch, Jan Milič Lochman, John Mbiti, Jaroslav Pelikan und Lukas Vischer, Directmedia, Berlin 2003 (Digitale Bibliothek Bd. 98), 14755–14768, hier: 14758 ff. (EKL Bd. 4/11, 1245 ff.): »Aus der geographischen Situation und dem politischen Schicksal Israels ergibt sich, daß es während seiner ganzen antiken Geschichte in jeweils unterschiedlicher Weise erst dem Einfluß der ägypt. und mesopotam. und dann auch der pers. und hell. Kultur (ð Hellenismus) ausgesetzt war. […] Schließlich hat die hell. Kultur mit ihrer Dichtung und Philosophie (ð Griech. Philosophie) progressiv auf Kohelet, die W. des Jesus Sirach und die W. Salomos eingewirkt, auch wenn die beiden letztgenannten deutlich apologetische Züge tragen.«

> da zweifeln und nicht offen anerkennen, dass die Weisheit wegen Gewinnung der Lust zu erstreben und die Unwissenheit wegen des Ungemachs zu fliehen sei!«[97]

Ähnlich formuliert Seneca. Reichtum und Repräsentanz sind keine Voraussetzungen, um innere Werte zur Geltung zu bringen. Gerechtigkeit und Klugheit lassen sich auch dort als innerer Reichtum finden, wo es an äußerem Reichtum fehlt. Und auch die Verbannung wird erträglich durch das Festhalten an diesen Werten.

> »Sage dir lieber: Jene niedrige Hütte hat doch wohl für Tugenden Raum? und sofort wird sie schöner sein, als alle Tempel, wenn man darin Gerechtigkeit erblickt und Enthaltsamkeit, Klugheit, Frömmigkeit, Geschick allen Dienstpflichten gehörig nachzukommen, Kenntniß der göttlichen und menschlichen Dinge. Kein Ort ist eng, der eine Menge so großer Tugenden faßt; keine Verbannung ist drückend, in die man mit diesem Gefolge gehen kann.«[98]

---

97 Cicero, Marcus Tullius: Fünf Bücher über das höchste Gut und Übel, in: Philosophie von Platon bis Nietzsche, 5197–5508, hier: 5227 f. (Des Marcus Tullius Cicero fünf Bücher über das höchste Gut und Übel. Übersetzt, erläutert und mit einer Lebens-Beschreibung versehen von J. H. von Kirchmann, Leipzig 1874 (Philosophische Bibliothek, Bd. 22), 44–45.) Cicero ist zwar nicht unter die klassischen Stoiker zu rechnen. Sein Denken übernimmt aber von hier manches und transferiert es in die lateinische Sprache und römische Lebenswelt.

98 Seneca, Lucius Anneus: Trostschrift an seine Mutter Helvia, in: Digitale Bibliothek Bd. 2. Philosophie von Platon bis Nietzsche, 5578–5627, hier: 5597 (Seneca: Ausgewählte Schriften. Übersetzt und erläutert von Albert Forbiger, Stuttgart: Hoffmann, 1867, 53–89, hier: 66–67). Die Übersetzung von Forbiger ist eleganter als die von Manfred Rosenbach (Seneca, L. Anneus: Philosophische Schriften. Lateinisch und Deutsch. Zweiter Band, hg. und übersetzt von Manfred Rosenbach, Darmstadt [2]2011) und mit der Übersetzung von »virtutes« als »Tugenden« m. E. treffender als die Übersetzung »Eigenschaften des Charakters« es ist. Vgl. hierzu auch den Anfang der Predigt von Peter Beier anlässlich

Freilich kann man in solchem Denken auch die Gefahr eines Quietismus erkennen, eines resignativen Rückzugs in Leidenschaftslosigkeit und Desengagement. Die Verachtung des Unverfügbaren, wie sie im folgenden Zitat zum Ausdruck kommt, könnte durchaus Anlass geben, solches zu kritisieren. Freiheit kann schnell auf eine rein innere Freiheit reduziert werden, die an bestehenden Verhältnissen nichts ändern kann und will.

> »Wenn du einen hochgeehrten, oder vielvermögenden, oder sonst angesehenen Mann siehst, so hüte dich, daß du nicht, von der Vorstellung hingerissen, ihn glücklich preisest. Denn wenn das wahre Gut in den Dingen besteht, welche in unsrer Gewalt sind, so findet weder Neid noch Eifersucht Raum; und du selbst wirst nicht Heerführer, oder Rathsherr, oder Consul sein wollen, sondern frei. Dazu führt nur *ein* Weg: – Verachtung der Dinge, die nicht in unsrer Gewalt sind.«[99]

Allerdings ist die Wahrheit des Gesagten nicht von der Hand zu weisen: Auch der Einflussreichste und Vermögendste muss nicht automatisch glücklich sein. Glück hängt zwar auch von den Umständen ab, aber politischer und finanzieller Erfolg, auch Popularität, sind keineswegs Garanten eines solchen Glücks. Ein realistischer Blick auf das eigene Leben, ein Akzeptieren eigener Grenzen vermag durchaus befreiend zu wirken. Dies gilt umso mehr

---

der Wiederingebrauchnahme des Berliner Doms: »Die Wahrheit braucht keine Dome. Das liebe Evangelium kriecht in jeder Hütte unter und hält sie warm.« (In: Beier, Peter: Verantwortung konkret. Texte zum Zeitgeschehen, Neukirchen-Vluyn 1994, 56–62.)

99 Epiktet: Handbüchlein der stoischen Moral (Encheiridion), in: Digitale Bibliothek Bd. 2. Philosophie von Platon bis Nietzsche, 5727–5776, hier: 5742 (Epiktets Handbüchlein der stoischen Moral. Übersetzt und erklärt von Carl Conz, Berlin o. J. (Übersetzung: 1864, 30).

in einer Gesellschaft, die heute von der Schizophrenie geprägt ist, dem Individuum nahezu grenzenlosen Erfolg zu versprechen, wenn es sich nur bemüht (um seine Karriere, seine Attraktivität, seine Gesundheit), dieses Versprechen aber tagtäglich für viele in schärfster Weise zu widerlegen und ad absurdum zu führen.

Die eigenen Grenzen zu akzeptieren, mag heute heißen, die Grenzen eigenen Bemühens gelassen ertragen zu lernen, ohne dabei resignativ auch erfolgversprechende, aber unter Umständen Kraft erfordernde Bemühungen in Hinsicht auf das eigene Leben und die Gesellschaft zu unterlassen.

An die Gefahr der Überforderung und die natürliche Grenze des Lebens erinnert auch schon Kohelet, wenn er mahnt, über das Sorgen das Leben nicht zu vergessen, denn schließlich besitzt jeder Mensch nur eines.

> »Auf, iss dein Brot mit Freude, und trink deinen Wein mit frohem Herzen; denn längst schon hat Gott dieses Tun gebilligt. Jederzeit seien deine Kleider weiß, und an Öl auf deinem Haupt soll es nicht fehlen.
>
> Genieße das Leben mit einer Frau, die du liebst, all die Tage deines flüchtigen Lebens, die er dir gegeben hat unter der Sonne, all deine flüchtigen Tage. Das ist dein Teil im Leben, bei deiner Mühe und Arbeit unter der Sonne.
>
> Was immer du zu tun vermagst, das tu. Denn weder Tun noch Planen, weder Wissen noch Weisheit gibt es im Totenreich, dahin du gehst.«[100]

Solches erinnert an die Meditation bzw. das Einüben des Todes, wie es die Stoiker üben und zu üben raten. Jeder Tag des Lebens soll gelebt werden, als sei dieser Tag der letzte, bzw. der gegenwärtige Tag umfasse das ganze Leben.

---

100 Koh 9,7–10, zitiert nach der Zürcher Bibelübersetzung.

»Die Krönung dieser Übungen [Übungen des Denkens] stellt die berühmte *meletê thanatou* dar, die Meditation oder das Einüben des Todes. Diese besteht nicht in der ständigen Besinnung darauf, dass uns der Tod gewiss ist, sondern darin, den Tod im Leben gegenwärtig zu machen. Wie alle anderen Stoiker hat auch Seneca sich eifrig in dieser Praxis geübt. Ihr Ziel besteht darin, jeden Tag so zu leben, als sei er der letzte. [...] Die Einübung des Todes, von der in mehreren Briefen Senecas die Rede ist, besteht darin, das lange Leben so zu leben, als wäre es so kurz wie ein Tag, und jeden Tag so zu leben, als wäre das ganze Leben darin enthalten.«[101]

Wenn auch Kohelet als desillusionierender Weisheitslehrer wenig zur Frage nach Gerechtigkeit zu sagen hat, so zieht sich ansonsten doch die Gerechtigkeitsthematik durch die Weisheitsliteratur.

»Das Opfer der Frevler verabscheut der HERR, aber das Gebet der Rechtschaffenen gefällt ihm. Der HERR verabscheut den Weg des Frevlers, aber er liebt den, der nach Gerechtigkeit trachtet.«[102]

Gerechtigkeit konkretisiert sich im Umgang mit Armen, in der Ablehnung von Bestechung und fairer Kommunikation:

»Das Haus der Stolzen reißt der HERR nieder, aber er sichert die Grenze der Witwe. Der HERR verabscheut die Pläne des Bösen, aber freundliche Worte sind rein. Wer Gewinn macht, zerstört sein Haus, wer aber Bestechung hasst, wird leben. Das Herz des Gerechten überlegt, was zu antworten ist, aus dem Mund der Frevler aber sprudeln Bosheiten.«[103]

---

101 Foucault, Michel: Die Hermeneutik des Subjekts (1982), in: ders.: Schriften IV, 423–438, hier: 437.

102 Spr 15,8 f.

103 Spr 15, 25–28.

Diese Forderung nach Gerechtigkeit, wie sie im Zitat vorgetragen wird, rekurriert sichtlich auf eine vom Tun-Ergehen-Zusammenhang geprägte Sicht der Weltordnung. Das weisheitliche Denken denkt – wie auch die stoische Philosophie – von einem geordneten Kosmos her. Dieses Ordnungsdenken ist aber keineswegs unkritisch oder unethisch. Vielmehr impliziert die Erkenntnis einer guten Weltordnung Gottes immer auch ein konstruktives, weltangepasstes Verhalten zur Schöpfung.

> »So hatte die vom Ordnungsdenken der Schöpfungstheologie geprägte Weisheit ein starkes ethisches Interesse. Die Schöpfungsordnungen waren Spielregeln des Lebens. Der Mensch tat nicht nur gut daran, sich auf diese innerhalb des Naturkosmos einzustellen, denn dem Naturkosmos entsprach der Sozialkosmos. Und diesen galt es ebenfalls vor chaotischen Raubzügen zu bewahren. Auch in ihm gab es Spielregeln zur Bewahrung des Lebens.«[104]

Der Zusammenhang zwischen Schöpfungsordnung und Sozialordnung führt dann eben in der Konsequenz nicht zum Quietismus, sondern fordert den Einsatz für die Schwachen heraus.[105] Bevor man also das weisheitliche Denken in

104 Lux, Rüdiger: Die Weisen Israels. Meister der Sprache – Lehrer des Volkes – Quelle des Lebens, Leipzig 1992, 98.

105 Der Zusammenhang zwischen Schöpfungs- und Sozialordnung darf natürlich nicht dahingehend interpretiert werden, dass man zeitbedingte Sozialvorstellungen (z. B. über sexuelle Verhaltensweisen und Orientierungen) einfach zu Schöpfungsordnungen erhebt. Vielmehr geht es um ein Ausrichten der Sozialordnungen an dem, was modern gesprochen »Nachhaltigkeit« heißt, nämlich die Orientierung der Sozialordnung an der Herausforderung des Überlebens der Menschheit und der Natur, der auch die Menschheit angehört. Dies fordert auch Umgangsweisen mit dem einzelnen Menschen, die dessen (gutes) Überleben sichern, als sich im einzelnen Menschen stets die Menschheit als Ganzes abbildet. Kant, Immanuel: Die Metaphysik der Sitten, in: ders.: Werke Bd. 4. Schriften zur Ethik und Religionsphilosophie, hg. von

Hinsicht auf seinen Gerechtigkeitsanspruch z. B. gegenüber dem prophetischen Denken abqualifiziert, gälte es zuerst, die ethischen Anweisungen der Weisheitsliteratur ernst zu nehmen. Welche Konsequenzen sich daraus ergeben bzw. hätten ergeben können, formuliert Rüdiger Lux klar und scharf:

> »Der ethische Impetus, die noetische Funktion und die analytische Kraft des Tat-Folge-Denkens sollten nicht leichtfertig verspielt und in ihrer Sinnhaftigkeit in Frage gestellt werden. [...] Wie wäre wohl die Geschichte der jüdisch-christlichen Beziehungen zwischen 1933 und 1945 in Deutschland verlaufen, wenn nicht nur vereinzelte Christen, sondern die gesamte Institution Kirche mit ihrer uneingeschränkten Autorität das Wort der biblischen Weisen – ›Mache auf deinen Mund für den Stummen, für den Rechtsanspruch aller Schwachen. Mache auf deinen Mund, entscheide gerecht, und schaffe Recht dem Bedrückten und Armen.‹ – (Spr 31,8 f.) als verbindlich für sich betrachtet hätte?«[106]

Ebenso erscheint die Gerechtigkeit in der stoischen Philosophie als eine der wichtigen Tugenden. Ihr Nutzen

---

Weischedel, Wilhelm, Darmstadt 1983, 301–634, hier: 569 (A 93/94): »Allein der Mensch als *Person* betrachtet, d. i. als Subjekt einer moralisch-praktischen Vernunft, ist über allen Preis erhaben; denn als ein solcher (homo noumenon) ist er nicht bloß als Mittel zu anderer ihren, ja selbst seinen eigenen Zwecken, sondern als Zweck an sich selbst zu schätzen, d. i. er besitzt eine *Würde* (einen absoluten innern Wert), wodurch er allen andern vernünftigen Weltwesen *Achtung* für ihn abnötigt, sich mit jedem anderen dieser Art messen und auf den Fuß der Gleichheit schätzen kann. Die Menschheit in seiner Person ist das Objekt der Achtung, die er von jedem anderen Menschen fordern kann; deren er aber auch sich nicht verlustig machen muß. Er kann und soll sich also, nach einem kleinen so wohl als großen Maßstabe, schätzen, nachdem er sich als Sinnenwesen (seiner tierischen Natur nach), oder als intelligibles Wesen (seiner moralischen Anlage nach) betrachtet.«

106 Lux: Die Weisen Israels, 79.

wird freilich aus der Sorge um das Selbst im engeren Sinne konstruiert: Wer gerecht handelt, vermeidet Gewissensbeschwernis und die Furcht davor, dass ungerechtes Handeln letztlich doch entdeckt und bestraft wird. Dies wird als Gerechtigkeitstheorie heute kaum mehr überzeugen können. Dass aber ein gerechtes Handeln auch zu einem guten eigenen Leben beitragen kann, ist eine Motivation, die es vielleicht neu zu entdecken gilt.

> »So bleibt nur noch die *Gerechtigkeit*, um alle Tugenden behandelt zu haben. Auch von ihr kann indess das Gleiche gesagt werden. So wie ich gezeigt habe, dass die Weisheit, Mässigkeit und Tapferkeit mit der Lust in der Art verbunden sind, dass sie in keiner Weise von ihr getrennt und abgesondert werden können, so gilt dies auch von der Gerechtigkeit, die nicht allein niemals Jemandem schadet, sondern immer durch ihre Kraft und Natur beiträgt, das Gemüth zu beruhigen und die Hoffnung zu erhalten, dass Nichts von dem fehlen werde, dessen ein unverdorbener Mensch bedarf. So wie die Verwegenheit, die Ausgelassenheit und Trägheit die Seele immer peinigen, immer aufregen und stören, so beunruhigt auch die Unredlichkeit, wenn sie in dem Gemüth sich festgesetzt hat, durch ihre blosse Gegenwart; wenn sie etwas unternimmt, kann sie trotz aller Heimlichkeit doch nicht sicher sein, dass es immer verborgen bleiben werde; denn in der Regel folgt den Handlungen des Unredlichen zunächst der Verdacht, dann erhebt sich das Gerede und Gerücht, dann der Ankläger und zuletzt der Richter, ja, Viele zeigen sich selbst an. […]«[107]

Ungerechtes Verhalten führt zu einem unglücklichen Leben, aber ein gerechtes, im doppelten Sinne gewissenhaftes Leben führt zu einem glücklichen Leben. Deswegen fordert der unbedingte Wert jeder einzelnen Handlung Gewissenhaftigkeit, Liebe, Freimütigkeit und das Üben

107 Cicero: Fünf Bücher über das höchste Gut und Übel, 5230 f. (47–48).

von Gerechtigkeit heraus. Die Übung, jede Handlung als letzte im Leben anzusehen, führt dazu, Nebengedanken abzuwenden und das, was man tut, aus einer gerechten Gesinnung heraus zu tun, insbesondere Verstellung, Selbstliebe und Groll aus der Motivation zu verbannen. Ähnliches findet man auch in der Bergpredigt wieder, wenn Jesus dort den Zuhörern einschärft, Handlungen um ihrer selbst willen auszuführen und nicht, um damit einen anderen Zweck zu erreichen, so z. B. nicht zu fasten oder zu beten, um damit in der Öffentlichkeit Eindruck zu erwecken.

Für Marc Aurel ergibt sich aus einem solchen Bedenken des memento mori in den Handlungen des Menschen nicht nur ein gerechtes bzw. gottgefälliges, sondern auch ein glückliches Leben.

> »Immer sei darauf bedacht, wie es einem Manne geziemt, bei Allem was es zu thun giebt eine strenge und ungekünstelte Gewissenhaftigkeit, Liebe, Freimüthigkeit und Gerechtigkeit zu üben, und Dir dabei alle Nebengedanken fern zu halten. Und Du wirst sie Dir fern halten, sobald Du jede Deiner Handlungen als die letzte im Leben ansiehst: fern von jeder Unbesonnenheit und der Erregtheit, die Dich taub macht gegen die Stimme der richtenden Vernunft, frei von Verstellung, von Selbstliebe und von Unwillen über das, was das Schicksal daran hängt. – Du siehst, wie Wenig es ist, was man sich aneignen muss, um ein glückliches und gottgefälliges Leben zu führen. Denn auch die Götter verlangen von dem, der dies beobachtet, nicht Mehr.«[108]

Zusammenfassend lässt sich sagen, dass sich sowohl in den weisheitlichen Überlieferungen als auch in der stoischen

---

108 Aurel, Mark: Meditationen, in: Digitale Bibliothek Bd. 2. Philosophie von Platon bis Nietzsche, 5777–6008, hier: 5800 f. (Mark Aurels Meditationen. Aus dem Griechischen von F. C. Schneider. Dritte, verbesserte Auflage, Breslau 1875, 14 f.)

Philosophie das starke Bemühen um einen bedachten Selbst- und Weltumgang erkennen lässt. Das Handeln des Menschen soll in seiner Anlage und seinen Strukturen der Ordnung des Kosmos entsprechen, die als eine gute und gerechte Ordnung verstanden wird. Hieraus ergibt sich keineswegs ein eindimensionales Anpassen an die Situation der Welt und des Lebens, sondern vielmehr ein Streben, das versucht, der rechten Ordnung des Kosmos zu entsprechen – nicht ihrer Perversion. Dazu gehört das Streben nach und der Einsatz für Gerechtigkeit auf der einen Seite genauso wie die Einsicht in die Unterscheidung zwischen dem, was veränderbar ist, und dem, was sich nicht ändern lässt und damit in Gelassenheit akzeptiert werden muss. Gerade die Unterscheidung dieser beiden Pole muss als zentrale Aufgabe sowohl des weisheitlichen Denkens als auch der stoischen Philosophie gesehen werden und steht im Dienste der Bildung einer reifen, d. h. gelassenen und Gerechtigkeit übenden Persönlichkeit.

Es geht bei all dem nicht in erster Linie um Selbsterkenntnis, sondern um die Selbstsorge, das Achten auf das eigene Denken und Verhalten in Hinsicht auf einen sozialen Kosmos. Selbsterkenntnis in diesem Sinne bedeutet kein tiefgründendes Grübeln über das eigene Ich. Vielmehr bedeutet rechte Selbsterkenntnis im Sinne der Selbstsorge die Einsicht in die eigene Vergänglichkeit und damit die Unterscheidung zwischen Gott und Mensch, dem Unvergänglichen und dem Vergänglich-Geschöpfhaften, eine Einsicht, die zu Bescheidenheit und Relativierung der eigenen Weltsicht führt.[109]

---

109 Tillich, Paul: Der Mut zum Sein, Berlin/New York 1991 (1969), 23 f. vertritt die Auffassung, dass der Stoizismus nichts von Sünde und Schuld wisse, sondern (nur) von Schicksal und Tod, so dass das Ziel des Stoikers eine (gelassene) Resignation, das des Christen aber Erlösung sei. Gleichwohl verbindet auch nach Tillich

»Die Vorschrift, ›auf sich selbst zu achten‹, galt den Griechen als einer der zentralsten Grundsätze der Polis, als Hauptregel für das soziale und persönliche Verhalten und für die Lebenskunst. Für uns heute ist dieser Begriff dunkel und verblasst. Wenn man uns fragt, welches das wichtigste moralische Prinzip der antiken Philosophie sei, dann werden wir nicht sagen: ›Man achte auf sich selbst‹; vielmehr werden wir auf das ›Erkenne dich selbst‹ des Delphi'schen Orakels verweisen.

Vielleicht hat unsere philosophische Tradition das ›Erkenne dich selbst‹ überbewertet und das ›Achte auf dich selbst‹ vergessen. Die Delphi'sche Maxime war kein abstraktes Prinzip der Lebensführung, es war eine praktische Anleitung, eine Regel, die es zu beachten galt, wenn man das Orakel befragen wollte. ›Erkenne dich selbst‹, damit war gemeint: ›Wisse, dass du kein Gott bist‹.«[110]

Das Wissen darum, kein Gott zu sein, korrespondiert christlich mit der Einsicht in die Sündhaftigkeit und Vergebungsbedürftigkeit des Menschen. Das Menschlich-Allzumenschliche des Menschen liegt in seiner Fehlbarkeit, darin, dass er Verantwortung übernehmen muss, Entscheidungen treffen muss, aber hierbei doch immer wieder

das Christentum und die Stoa das Wissen um den »Gott über Gott«, wie er am Beispiel Senecas aufzeigt (ebd., 22). Tillich resümiert schließlich (ebd., 139): »Wir können uns seiner [des Gottes über Gott] bewußt werden in der Angst vor Schicksal und Tod, wenn die traditionellen Symbole, die dem Menschen halfen, die Schicksalsfälle und den Schrecken des Todes zu ertragen, ihre Macht verloren haben. Wenn die ›Vorsehung‹ zum Aberglauben geworden ist und die ›Unsterblichkeit‹ zu einer Phantasievorstellung, kann die Macht, die einmal in diesen Symbolen lebte, noch gegenwärtig sein und trotz der Erfahrung einer chaotischen Welt und einer endlichen Existenz in uns den Mut zum Sein schaffen. Der stoische Mut taucht wieder auf, aber nicht als Glaube an die universale Vernunft, sondern als absoluter Glaube, der Ja sagt zum Sein, ohne daß sich ihm etwas Konkretes zeigt, das das Nichtsein in Schicksal und Tod besiegen könnte.«

110 Foucault, Michel: Technologien des Selbst (1984), in: ders.: Schriften IV, 966–999, hier: 970.

schuldig wird. In all seiner fehlbaren Verantwortlichkeit bleibt er auf Vergebung angewiesen und kann nur aus dem Bewusstsein der Annahme seiner fehlbaren, im-perfekten Existenz frei und handlungsfähig werden.

> »Gleichgestaltet mit dem Menschgewordenen – das heißt wirklicher Mensch sein. Der Mensch soll und darf Mensch sein. Alles Übermenschentum, alles Bemühen, über den Menschen in sich hinauszuwachsen, alles Heroentum, alles halbgöttliche Wesen fällt hier vom Menschen ab; denn es ist unwahr. […] Der wirkliche Mensch darf in Freiheit das Geschöpf seines Schöpfers sein.«[111]

4.3 Kynismus und Jesus

Die stoische Philosophie besitzt freilich mit dem Kynismus einen komplementären Widerpart bzw. eine radikale Zuspitzung, eine Denk- und Lebensart, mit der sich Foucault in seiner letzten Vorlesung auseinandersetzte, die am 28. März 1984, fast genau drei Monate vor seinem Tod, endete.

> »Dieser Übergang, diese Umkehrung, diese Verwandlung des wahren Lebens in das andere Leben scheint mir am Ursprung und im Zentrum des kynischen Skandals gestanden zu haben. Wir hatten zunächst gesehen, daß das Thema des unverborgenen Lebens bis zum Extrem getrieben und daß es von den Kynikern in Form des schamlosen Lebens dramatisiert wurde. Wir hatten auch gesehen, wie das Thema des unvermischten, unabhängigen, selbstgenügsamen Lebens ebenfalls in Form der Armut dramatisiert wurde und sich in eine Praxis der absichtlichen Entsagung, des Bettelns und schließlich sogar der Entehrung umkehrte. Drittens schließlich hatten wir im Hinblick auf das Thema des

111 Bonhoeffer, Dietrich: Ethik, Gütersloh ^{3}2010, 81 f.

geradlinigen Lebens, des mit der Natur, der Vernunft und dem *nomos* übereinstimmenden Lebens gesehen, wie dieses Thema von den Kynikern in Form des natürlichen Lebens, des Lebens außerhalb der Konvention dramatisiert wurde und wie es sich von da aus umgekehrt hat und in Form eines Lebens erschienen war, das sich als Herausforderung und Aufgabe im Praktizieren der Tiernatur manifestierte. Das nackte Leben, das Leben als Bettler, das Leben als Tier oder auch das schamlose Leben, das Leben der Entsagung und der Tiernatur, all das tritt mit den Kynikern an den Grenzen der antiken Philosophie in Erscheinung [...]. Der Kynismus ist also jene Art von Fratze, die die Philosophie sich selber schneidet, jener gebrochene Spiegel, in dem der Philosoph sich zugleich sehen, aber nicht erkennen soll. Das ist das Paradox des kynischen Lebens, wie ich es zu bestimmen versuchte; es ist die Vollendung des wahren Lebens, aber als Forderung nach einem radikal anderen Leben.«[112]

Foucault arbeitet hier minutiös die Anschlussstellen zwischen stoischem und kynischem Denken und die sich an diesen Anschlussstellen vollziehenden Verschiebungen bzw. Umkehrungen heraus: Das »unverborgene« Leben, das Leben, das veröffentlicht wird – und sei es auch nur im Modus des selbstreflektierenden Schreibens sich selbst gegenüber –, wird in »Schamlosigkeit« hineingesteigert. Selbstkritik wird quasi zur Selbstdemütigung. Die Genügsamkeit der stoischen Weisheit wird zur Armut gesteigert. Schließlich wird die Anpassung an das naturgemäße Leben im Sinne der Entsprechung des Individuums gegenüber der kosmischen Ordnung als Leben jenseits der Konvention interpretiert. Hierbei geht es weniger um ein romantisches »Zurück zur Natur« als um eine Betonung der Differenz zwischen gesellschaftlicher Konvention und natürlicher Ordnung. Der Mensch wird erkennbar gemacht

112 Foucault: Der Mut zur Wahrheit, 349 f.

als ein natürliches Wesen, das immer noch ein ängstliches, nahrungsbedürftiges und dem Sexualtrieb verhaftetes Tier ist, kein reines Vernunft- oder Geisteswesen, wie es z. B. Diogenes in grotesk-ironischer Inszenierung verdeutlicht haben soll:

> »Diogenes pflegte alles in der Öffentlichkeit zu verrichten, auch die Dinge der Demeter und der Aphrodite. Dabei argumentierte er etwa wie folgt: ›Wenn Essen nichts Absurdes ist, dann ist es auch nicht absurd, auf dem Marktplatz zu essen.‹ Er masturbierte häufig vor aller Augen und pflegte zu sagen: ›Wenn man nur auch den Hunger stillen könnte, indem man sich am Bauch reibt!‹«[113]

Die Leiblichkeit des Menschen soll nicht verdrängt werden, denn gerade in der Verdrängung vermag sie sich umso mehr als beherrschend zu erweisen, was der Kyniker Diogenes harsch kritisiert:

> »Dreifache Sklaven nannte er diejenigen, die sich vom Bauch, von den Geschlechtsorganen und vom Schlaf beherrschen lassen.«[114]

In der Übersteigerung der Kyniker kommt das Misstrauen gegenüber einer voreiligen Identifikation von Anpassung an soziale Ordnung und Entsprechung gegenüber dem Weltgesetz zum Ausdruck. Wie Foucault es hier auf den Punkt bringt, gipfelt die philosophische Existenz des Kynikers in der Paradoxie, dass das wahre Leben erst im ganz

113 Luck, Georg: Die Weisheit der Hunde. Texte der antiken Kyniker in deutscher Übersetzung mit Erläuterungen, Stuttgart 1997, 87 (= Diogenes Laertius: Vita pilosophorum 6, 69).

114 Luck: Die Weisheit der Hunde, 140 (= Gnomologium Vaticanum 743 n. 195).

anderen Leben erkennbar wird.[115] Dieses andere Leben wird zeichenhaft gelebt.

Bernhard Lang hat in einer pointierten Studie Parallelen kynischer Denk- und Lebensweise zu Jesus von Nazareth herausgearbeitet, den er einerseits durch den Kynismus, andererseits durch die Anknüpfung an die Elijatradtion bestimmt sieht.[116] Zusammenfassend heißt es bei Lang:

> »Wir dürfen uns Johannes den Täufer, Jesus und Bannus [ein jüdischer kynischer Asket] als junge Männer vorstellen, die, von kynischem Gedankengut berührt, sich dafür begeisterten und auch anderen ihren Enthusiasmus zu vermitteln wussten. Sie entdeckten die Analogie zwischen den griechischen Kynikern und dem Propheten Elija. In Galiläa gehörten die Legenden über Elija und Elischa zum lebendigen Volksgut; manchen frommen Sonderling – man denke an Honi den Kreiszieher und Hanina ben Dosa – regte sie dazu an, sich in den Ruf zu bringen, wie Elija Kranke heilen und Regen herbeirufen zu können. Wenn es von Elischa heißt, ›solang er lebte, zitterte er vor niemand, und keiner der Sterblichen herrschte über seinen Geist‹ [Sir. 48, 12, hebr. Text], fühlte sich jeder, der mit der kynischen Art vertraut war, an das stolze Freiheitsgefühl des Diogenes erinnert. Elija wie die Kyniker sind ohne Besitz und tragen einfachste Kleidung: diese Analogie verstärkt das Interesse am Kynismus und führt zur Entwicklung jener einzigartigen Richtung des Judentums, die wir als jüdischen Kynismus bezeichnen. Jesus und die griechischen Kyniker der hellenistisch-römischen Zeit haben vieles gemeinsam: Sie verzichten auf Besitz, Ehe und Lebensvorsorge; sie verstehen Gott als Vater aller Menschen; sie empfehlen

115 Georg Luck vertritt gar die Auffassung, der Stoizismus sei ein »modifizierter, in gewisser Hinsicht gemäßigter Kynismus« gewesen. Vgl. Luck: Die Weisheit der Hunde, 30.

116 Die Debatte um Jesus bzw. die Quelle Q und den Kynismus wird in den USA bereits Anfang der 90er Jahre des 20. Jhs. geführt. Eine kritische Auseinandersetzung hiermit bietet: Ebner, Martin: Kynische Jesusinterpretation – »disciplined exaggeration«? Eine Anfrage, in: BZ NF 40/1996, 93–100.

> Nächstenliebe; sie wenden sich anderen seelsorglich zu; sie bemühen sich um Friedensstiftung; sie lehnen Vergeltung ab und sind bereit zum Leiden; mit traditionellen religiösen Geboten und Bräuchen gehen sie unbefangen um. Wie im Griechentum bildeten sich auch im Judentum zwei Varianten der kynischen Lebensauffassung: eine, die ihre Anhänger auf strenge Enthaltsamkeit und Genügsamkeit verpflichtete, repräsentiert durch Johannes den Täufer und Bannus; und eine, die auch Lebensgenuss nicht verachtet, vertreten durch Kohelet und Jesus.«[117]

Jenseits der Frage, ob die Rede von einem »jüdischen Kynismus« im streng historischen Sinne haltbar ist, sind die Parallelen, die Lang hinsichtlich der Lebensweise von Elija, den Kynikern und Jesus und seinen Anhängern aufzeigt, doch beachtlich. Die »kynische« Reaktion mit ihrer Besitzlosigkeit, Ehelosigkeit[118] und Bereitschaft, eher zu erleiden als Leiden zuzufügen (was in Bezug auf Elija sicher noch zu differenzieren wäre), zeigt jeweils eine Opposition, ein Gegenüber, ein freies Sich-dem-Entgegenstellen, was dem gesellschaftlichen Mainstream entspricht.[119]

> »Nun führt diese Dramaturgie der wirklichen Armut, der unbeschränkten Armut zu paradoxen Effekten. Aus Treue zu den Prinzipien dieser aktiven Armut als sichtbarer Form des unvermischten Lebens, des reinen und selbstgenügsamen Lebens führt

117 Lang, Bernhard: Jesus der Hund. Leben und Lehre eines jüdischen Kynikers, München 2010, 140f.

118 Brown, Peter: Die Keuschheit der Engel. Sexuelle Entsagung, Askese und Körperlichkeit am Anfang des Christentums, München/Wien 1991 (1988).

119 Als gesellschaftlichen Mainstream kann man ein mild-hellenistisches Gesamtklima betrachten. Nicht zu übergehen ist, dass das Judentum zur Zeit Jesu erheblich diversifiziert ist. Der Hellenismus aber beherrscht – in unterschiedlichen Varianten – den Mittelmeerraum wie heute der Amerikanismus.

> der Kyniker am Ende nämlich ein Leben der Häßlichkeit, der Abhängigkeit und der Demütigung. Und so führt die radikale Anwendung dieses Prinzips zu seiner Umkehrung: zu einem Leben des Kynikers in Armut, das anstoßerregend, unerträglich, häßlich, abhängig und demütigend ist. Auch hier haben wir eine ganze Reihe von Zeugnissen. Wir können rasch über etwas hinweggehen, das dennoch von Bedeutung ist, nämlich die paradoxe Wertschätzung der Schmutzigkeit, der Häßlichkeit, des struppigen und plumpen Elends. Man versteht wohl, daß diese Wertschätzung der Schmutzigkeit, der Häßlichkeit, der Plumpheit, die zum Kynismus gehört, in Gesellschaften, die sich so sehr der Schönheit […] verschrieben hatten, nicht leicht zu akzeptieren war. Diese Umkehrung der körperlichen Werte hat zweifellos eine nicht unbeträchtliche Rolle gespielt. Es ist jedenfalls verständlich, daß diese Umkehrung Anlaß zum Skandal gab.«[120]

Diese provokative Wende zur Armut und Hässlichkeit findet ihre Parallele bzw. Fortsetzung in der christlichen Askese der ersten Jahrhunderte. Auch dort zeigt sich ein Widerstand gegen den schönen Schein der hellenistischen Welt, der zur öffentlich zur Schau gestellten Verachtung des Körpers führt.

> »Der asketische Körper. Einzeln in der Wüste, aber auch in gemeinsamen Klosteranlagen, später in den Städten findet eine intensive Beschäftigung mit dem Körper statt, die ihresgleichen sucht. Männer und bald auch Frauen gehen in die Einsamkeit und fasten nach dem Vorbild Jesu. Nicht nur 40 Tage, nein Monate, Jahre, sogar Jahrzehnte verbringen sie außerhalb der Zivilisation, ohne Nahrung oder zumindest ohne Nahrung, die diesen Namen auch verdient. Und ohne Körperhygiene. Ohne jegliche Körperhygiene, im Extremfall jahrelang auf derselben Säule, die in der Haut nistenden Maden werden gehegt und gepflegt, manchmal schickt Gott Vögel, um seine Heiligen davon

120 Foucault: Der Mut zur Wahrheit, 337.

> zu befreien: ›Seinen Körper wusch er nicht mit Wasser, um den Schmutz zu entfernen, die Füße badete er nicht oder ließ sich es auch nur gefallen, sie in das Wasser zu tauchen ohne dringende Not‹ heißt es über den Heiligen Antonius (Athanasius, Leben des Hl. Antonius, 47). Die Wüste, in der diese Männer und Frauen leben, ist staubtrocken, die Erinnerung an die Helen der *Feuchtgebiete* trotzdem unvermeidlich. Ist der Verzicht auf Körperpflege als Protest gegen die Gesellschaft keine unappetitliche Erfindung einer Popliteratin, sondern christliche Tradition? In der Tat ist die pagane Gesellschaft der Spätantike des 2., 3. und 4. Jahrhunderts der unseren in Sachen Körper gar nicht so unähnlich. Der gepflegte, bei Männern durch Sport gestählte, bei Frauen durch Diäten und diverse Hilfsmittel in Form gehaltene Körper, der regelmäßig im öffentlichen oder privaten Bad gesäubert wird, gehört zur Kultur. [...] Die Asketinnen und Asketen des frühen Christentums wollen einer Welt entfliehen, die sich um sich selbst dreht. Ihre Weltablehnung muss am Körper sichtbar werden, da ihre Umwelt diesen zum Maß der Dinge gemacht hat.«[121]

Sicherlich ist eine solche Verachtung des Körpers auch auf dem Hintergrund eines dualistischen Platonismus zu sehen, wie Regina Ammicht Quinn am Beispiel Plotins aufzeigt.[122] Auf dem Hintergrund des von Heimerl skizzierten ästhetizistischen Weltbildes der hellenistischen Antike bekommt eine solche Leibfeindlichkeit dann allerdings tatsächlich noch einmal eine andere Zielrichtung, nämlich nicht nur die einer Flucht aus der Leiblichkeit,

---

121 Heimerl, Theresia: Ein Sack voll Blut, Schleim, Feuchtigkeit und Galle. Eine theologische Exkursion in die Feuchtgebiete, in: www.theologie-und-kirche.de/feuchtgebiete.pdf, 3 f. Vgl. auch: Ammicht Quinn, Regina: Ver/Kleidung. Mode, Körper und die Frage nach dem Sinn, in: Sellmann, Matthias (Hg.): Mode. Die Verzauberung des Körpers, Mönchengladbach 2002, 81–90.

122 Ammicht Quinn: Ver/Kleidung. Mode, Körper und die Frage nach dem Sinn, 82.

sondern einer Form des Widerstands gegen gesellschaftliche Ideale einer im oberflächlichen Sinne ästhetischen Existenz.

Der Kyniker kritisiert und ironisiert auch das weltliche Königtum, wie es die Geschichte bildhaft vermittelt, in der Diogenes Alexander den Großen auf dessen großzügiges Angebot, ihm jeden Wunsch zu erfüllen, diesen bittet, ihm aus der Sonne zu gehen.

> »Diese Position des Kynikers als König, der ein Anti-König ist, als der wahre König, der durch die Wahrheit seiner Monarchie selbst das Trugbild des politischen Königtums anprangert und deutlich macht, ist im Kynismus sehr wichtig.«[123]

Parallel hierzu verhält sich die Verspottung Jesu durch die römischen Soldaten im Vorfeld der Kreuzigung. Martin Ebner hat herausgearbeitet, wie das Anti-Königtum Jesu im Markusevangelium als Gegenentwurf zum römischen Kaisertum konturiert wird, ein Königtum, das offensichtlich völlig anderen Grundsätzen und Werten folgt, als sie sich im Triumphzug Vespasians zeigen:

> »Für christlich aufgewachsene Leser ist in der markinischen Passionsgeschichte kaum mehr wahrnehmbar, daß Jesus als König vorgestellt wird, der alle damaligen (und heutigen) Muster sprengt. Obwohl ihm selbst ins Gesicht geschlagen wird, sind es diese Erzählungen, die den ihrerseits gängigen Königsvorstellungen ins Gesicht schlagen. Die Rede ist von den beiden Verspottungsszenen, die den eigentlichen Kreuzweg Jesu bei Markus rahmen: Die römischen Soldaten (15,16–20) verspotten einen ›Königs-Transvestit‹. Jesus trägt den Purpurmantel der hellenistischen Kleinkönige. Als Hoheitszeichen werden Kranz und Stab genannt. Die Soldaten vollziehen die typischen Vereh-

---

123 Foucault: Der Mut zur Wahrheit, 357.

rungsgesten. Wie beim römischen ›Ave, Caesar‹ rufen sie hier: ›Ave, König der Juden‹ und werfen sich vor ihm nieder. Aber es ist völlig klar: Das alles ist ›verkehrte Welt‹. Der Kranz aus Dornen ist eine Persiflage auf den Lorbeerkranz der Sieger und Triumphatoren. Anders als römische Kaiser, die über ihre Soldaten herrschen und ihnen Befehle zu geben gewohnt sind, ist der Spottkönig Jesus den Soldaten hilflos ausgeliefert: Sie spucken ihn an und schlagen ihm mit dem Stab auf den Kopf. [...] Sollten unter den Hörern des Markusevangeliums Christen gewesen sein, die mit eigenen Augen gesehen haben, wie sich Kaiser Vespasian bei seinem Triumphzug 71 n. Chr. mit seinen beiden Söhnen als Sieger über das Heimatland Jesu gezeigt hat (Flavius Josephus schildert es), mußte ihnen beim Lesen der Jesuspassion ein ausgesprochener Kontrast vor Augen stehen: Die Dreiersolidarität der Macht dort bei den Flaviern, die Dreiersolidarität der Ohnmacht hier: Jesus, der mit den beiden Schächern gekreuzigt wird. Leserinnen und Leser sehen, wie die so begehrten Plätze ›links und rechts‹ von Jesus (vgl. 10,37) aussehen können, die wahre Schüler ihres Herrn bereit sein müssen einzunehmen, wenn sie es mit ihrem Bekenntnis zum gekreuzigten Messias ernst meinen.«[124]

Diese Form des »invertierten« Königtums arbeitet auch Foucault als vierten Aspekt des in ähnlicher – wenn auch letztlich nicht tödlicher – Konsequenz auf die Spitze getriebenen Antikönigtum des Kynikers, das sich gerade auch in dessen Verkanntheit äußert, heraus:

»Der Kyniker ist ein wahrer König, nur ist er ein verkannter König, ein König, den man nicht kennt, ein König, der aufgrund der Wahl der Lebensweise, die er getroffen hat, aufgrund der Entsagung und des Verzichts, denen er sich aussetzt, sich selbst

124 Ebner, Martin: Der Antikönig: Nackt und erhöht. Neutestamentliche Deutungen des Sterbens Jesu (2), in: Christ in der Gegenwart 65/2013, o. S., zitiert nach der Internetversion: http://www.christ-in-der-gegenwart.de/aktuell/extras/artikel_angebote_detail?k_beitrag=1283817 (24.5.2013).

absichtlich als König verbirgt. Und in diesem Sinne ist er zwar der König, aber der König des Spotts. Er ist ein König des Elends, ein König, der seine Souveränität in der Entsagung verbirgt.«[125]

Epiktet formuliert sehr ähnlich zum christlichen Gebot der Nächstenliebe und Feindesliebe, die im anderen stets den Mitmenschen, den Bruder, zu erkennen versucht:

»Denn das ist ein sehr elegantes Muster, das in den kynischen Lebensstil eingewoben ist: Er muss sich schinden lassen wie ein Esel und geschunden noch seinen Schinder lieben, als wäre es der Vater von allen, als wäre er der Bruder.«[126]

Der Kynismus provoziert durch das Verhalten seiner Vertreter und auch durch deren öffentliches Predigen und Diskutieren die selbstzufriedene Mehrheit und konfrontiert sie mit der Fragwürdigkeit der eigenen Lebensweise. Neben manchen Themen wird das öffentliche Predigen dann nach Auffassung Foucaults von den Vertretern des jungen Christentums übernommen.

»Sie sprachen zum Beispiel in einem Theater oder auf einem Platz, auf dem Leute sich für ein Fest, ein religiöses Ereignis, einen Athleten-Wettbewerb usw. versammelt hatten. Sie pflegten manchmal inmitten eines Theaterpublikums aufzustehen und eine Rede vorzutragen. [...] Aus diesem Blickwinkel öffneten das kynische Predigen über Freiheit, den Verzicht auf Luxus, die kynische Kritik der politischen Institutionen und bestehende Moralkodes usw. den Weg für einige christliche Themen. Aber christliche Proselyten sprachen nicht nur über Themen, die oft denen der Kyniker ähnlich waren, sie übernahmen auch die Praktik des Predigens.«[127]

125 Foucault: Der Mut zur Wahrheit, 361.

126 Epiktet: Vom Kynismus, 3, 22, 54, zit. nach Luck: Die Weisheit der Hunde, 352.

127 Foucault: Diskurs und Wahrheit, 124.

In diesen Predigten und auch in der kynischen Art des öffentlichen Verhaltens erkennt Foucault die spezifisch kynische Art der Parrhesia, der freimütigen Äußerung in der Öffentlichkeit, die von dem Gedanken durchdrungen ist, dass die Selbstzufriedenheit des Bestehenden in Worten und Performances, wie man heute sagen würde, zu attackieren ist.

> »Kurz gesagt, ihr Predigen war gegen alle sozialen Institutionen gerichtet, insofern solche Institutionen der Freiheit und der Unabhängigkeit einer Person hinderlich waren.«[128]

Die Parrhesia als Freimut der kritischen Rede, wie sie aus der gelingenden Selbstsorge erwächst, wird uns im nächsten Kapitel als Ausgangspunkt einer neuen Zielbestimmung von Religionsunterricht dienen.

128 Foucault: Diskurs und Wahrheit, 125.

5 ZUR GRUNDLEGUNG DER PRAXIS

5.1 Religionspädagogik der Selbstsorge

Die Sorge um sich selbst im Sinne einer Auseinandersetzung mit sich selbst, was immer nur vermittelt durch andere und anderes geschehen kann, muss pädagogisch und religionspädagogisch als gegenüber einer Anpassungsleistung im Sinne des Kompetenzerwerbs vorgängig und vorrangig betrachtet werden. Das freie Subjektsein des Individuums in Beziehungen stellt die Mitte der Pädagogik in der Sichtweise eines evangeliumsorientierten Handelns dar, oder um es mit den Worten des Evangeliums selbst zu sagen: Der Sabbat ist um des Menschen willen da und nicht der Mensch um des Sabbat willen. Das Hauptziel einer humanen Bildung kann in religionspädagogischer Sicht weder input- noch outputorientiert bestimmt werden, wie man heute im technokratischen Wirtschaftsjargon formuliert, sondern orientiert sich an seiner Lebensdienlichkeit für das Subjekt. Die Frage darf mithin nicht lauten: Was kann ich? Diese Frage, wie sie immer häufiger in Religionsbüchern an den Schüler gewandt als Selbstevaluation nicht ausschließlich nutzlos sein mag, sondern einer begrenzten Lernerfolgskontrolle dienen kann, darf die grundlegende Frage aller – nicht nur religiösen – Bildung nicht ersetzen, die lautet: Wie lebe ich (richtig)?

Wenn sich Religionspädagogik an der Selbstsorge und der Parrhesia orientieren soll, bedeutet dies, *den sich bildenden Menschen als zentralen Mittelpunkt religionspäd-*

agogischer Reflexion zu sehen, deren Ziel das Eröffnen eines Raumes ist, in dem sich dieses Subjekt in Anknüpfung und Widerspruch zu anderen und zum anderen bilden kann, um in Erprobungen seiner selbst durch Gelingen und Misslingen zu einem couragierten Selbst zu wachsen.

Dies kann nur gelingen, wenn die Basis allen religionspädagogischen Handelns nicht die Kompetenzerwartung oder die Outputorientierung ist, sondern ein immer wieder neu einzuübendes gnädiges Selbstverhältnis. Die Basis allen religionspädagogischen Handelns muss das Vertrauen auf die Vergebung sein, die dem Subjekt couragiertes Handeln ermöglicht:

> »Im Mittelpunkt des protestantischen Mutes des Vertrauens steht der Mut, sich zu bejahen als bejaht trotz des Wissens um unsere Schuld. Luther selbst wie seine ganze Zeit erlebten die Angst vor allem als Angst vor Schuld und Verdammung. Der Mut, sich trotz dieser Angst zu bejahen, ist der Mut, den wir den Mut des Vertrauens genannt haben. Er wurzelt in der persönlichen, totalen und unmittelbaren Gewißheit von der göttlichen Vergebung. Der Glaube an die Vergebung ist in allen Formen des menschlichen Mutes zum Sein [...] vorhanden. Aber es gibt keine Interpretation der menschlichen Existenz, in der er so beherrschend ist wie im ursprünglichen Protestantismus, und es gibt in der Geschichte keine Bewegung, in der er ebenso tief und paradox ist. [...] Man könnte sagen: der Mut zum Sein ist der Mut, uns anzunehmen als angenommen trotz unserer Unannehmbarkeit.«[129]

Ein solches gnädiges Selbstverhältnis bedarf des Einübens und der immer neuen Erinnerung angesichts der gesellschaftlichen Anforderungen, die das Subjekt bedrängen, die scheinbar je nötigen Ablassbriefe zum Freikauf aus dem Fegefeuer von Inkompetenz und Ineffizienz zu erwerben.

---

129 Tillich: Der Mut zum Sein, 122 f.

Nötig hierfür sind in Hinsicht auf die religionspädagogische Praxis:

1. Die Erinnerung daran und die Ermutigung dazu, sich selbst anzunehmen, nicht als perfekten Menschen, sondern als imperfektes Wesen, das gerade in seiner Unvollkommenheit alle Würde besitzt; nicht in Selbstzufriedenheit, sondern in Dankbarkeit gegenüber dem Grund allen Seins.[130] Eine solche Form der Selbstannahme, weil sie eben nicht selbstzufrieden ist, resultiert in einer Verpflichtung zum guten Umgang mit sich selbst und mit anderen.
2. Dazu gehört, sich selbst als geistiges Wesen zu akzeptieren und zu gestalten. Durch alle Zweifel hindurch und mit ihnen, in Erprobung der eigenen Gedanken, manchmal wohl auch im Erschrecken, in steter Auseinandersetzung mit den Gedanken der Mitmenschen heute und früher, gilt es, die Welt, wie sie ist und wie sie anders sein könnte, zu reflektieren und den eigenen Platz in dieser Welt zu bestimmen.
3. Es gilt schlicht auch, sich selbst als körperliches Wesen zu akzeptieren und zu gestalten. So wie der Tod zum Leben gehört, so gehört der Umgang mit der eigenen körperlichen Existenz als Umgang mit den eigenen Defiziten, als Sorge um die Gesundheit und auch ästhetische

130 Kumlehn, Martina: Blickwechsel, Gestaltung, Experiment und Übung. Lebenskunstkonzepte als Herausforderung einer Religionspädagogik im Spannungsfeld von Ästhetik und Ethik, in: ZPT 61/2009, 262–276, hier 272, formuliert: »Eine christliche Lebenskunst würde sich in dem unauflöslichen Spannungsfeld bewegen, dass das Selbst die letzte Sorge um sich selbst gerade radikal einem Anderen überlässt, um im dadurch gewonnenen Raum der Entlastung von der Selbstbegründung gelassen die Aufgaben der Selbst- und Weltgestaltung in Angriff zu nehmen.«

Selbstinszenierung zum eigenen Leben dazu. Gerade dieser Ort ist heute höchst umkämpft, ein Ort, an dem – gerade für junge Menschen – der Kampf um Selbstannahme oder verzweifelte Selbstrechtfertigungsversuche in besonderem Maße stattfindet.[131]

4. Hieraus resultiert die Relativierung der eigenen Lebensweise im Spiegel der anderen. Wer sich selbst als nicht perfekt und der Vergebung bedürftig, stets im Erproben des eigenen Selbst und Lebens, in Gelingen und Scheitern zu erkennen vermag, wird den anderen in dessen Bemühen nicht verdammen können und dürfen: Es gilt, Toleranz zu *üben*.
5. Es gilt, Mut zu üben in der Auseinandersetzung mit sich selbst und anderen: Mut, sich selbst und andere anzunehmen, aber auch Mut, dem Unannehmbaren in Offenheit und Freiheit zu widerstehen.

5.2 Der Raum des Unterrichts: Heterotopos der Selbstsorge

Der Raum des Unterrichts muss, wie sich aus dem Gesagten ergibt, ein experimenteller Raum sein, ein Raum, der Platz schafft für ein vielseitiges Denken, ein Ausprobieren. Religionsunterricht wird sich in diesem Raum etablieren müssen als ein Ver-fahren[132], ein Geschehen, das noch nicht

131 Zur Rechtfertigung und Selbstrechtfertigung des Subjekts im medialen Zeitalter vgl. insb. Gräb, Wilhelm: Rechtfertigung, in: Mette, Norbert/Rickers, Folkert: Lexikon der Religionspädagogik, Neukirchen-Vluyn 2001, Bd. 2, Sp. 1588–1594.

132 Beuscher, Bernd/Zilleßen, Dietrich: Religion und Profanität. Entwurf einer profanen Religionspädagogik, Weinheim 1998, 132.

um seinen Ausgang weiß. Das entbindet nicht von der Aufgabe planender Vorbereitung, aber das Geplante kann nur ein erster Spielzug in einem Geschehen sein, das jederzeit veränderbar ist, ein Denken, das die Richtung zu wechseln vermag.

Auch wenn in der Praxis bestimmte Spielzüge des Unterrichts nicht beliebig sind, so muss der Religionsunterricht doch einen Raum bereitstellen, in dem Wirklichkeit in neuer, anderer Weise erfahrbar, erkennbar und verstehbar wird, in dem eine Spiegelung des Selbst entsteht, die den eigenen Standpunkt, das eigene Selbst und seine Welt aus einer anderen Perspektive beleuchtet. Foucault hat für solche Räume den Begriff der Heterotopie gewählt: ein Ort, der in einem sperrigen Gegenverhältnis zur Normalität der Wirklichkeit besteht.

> »Dann gibt es in unserer Zivilisation wie wohl in jeder Kultur auch reale, wirkliche, zum institutionellen Bereich der Gesellschaft gehörige Orte, die gleichsam Gegenorte darstellen, tatsächlich verwirklichte Utopien, in denen die realen Orte, all die anderen realen Orte, die man in der Kultur finden kann, zugleich repräsentiert, in Frage gestellt und ins Gegenteil verkehrt werden. Es sind gleichsam Orte, die außerhalb aller Orte liegen, obwohl sie sich durchaus lokalisieren lassen. Da diese Orte völlig anders sind als all die Orte, die sie spiegeln und von denen sie sprechen, werde ich sie im Gegensatz zu den Utopien als Heterotopien bezeichnen. Und ich glaube, dass es zwischen den Utopien und diesen völlig anderen Orten, den Heterotopien, eine gemeinsame, gemeinschaftliche Erfahrung gibt, für die der Spiegel steht. Denn der Spiegel ist eine Utopie, weil er ein Ort ohne Ort ist. Im Spiegel sehe ich mich dort, wo ich nicht bin, in einem irrealen Raum, der virtuell hinter der Oberfläche des Spiegels liegt. Ich bin, wo ich nicht bin, gleichsam ein Schatten, der mich erst sichtbar für mich selbst macht und der es mir erlaubt, mich dort zu betrachten, wo ich gar nicht bin: die Utopie des Spiegels. Aber zugleich handelt es sich um eine Heterotopie, insofern der Spiegel

wirklich existiert und gewissermaßen eine Rückwirkung auf den Ort ausübt, an dem ich mich befinde.«[133]

Der heterotope Raum ist also eine Art realisierte Utopie, wobei der Begriff des eindimensional Positiven bei Foucault entbehrt. Auch die »Abweichungsheterotopien« der Sanatorien, Psychiatrien und Gefängnisse werden von Foucault aufgeführt.[134] Zu den Heterotopien rechnet Foucault so unterschiedliche Orte wie Friedhöfe, Kinos und Feriendörfer.[135] Durchgängig geht es darum, dass diese Orte die Menschen auf ein anderes aufmerksam machen, das sich quer zu ihrer alltäglichen Realität stellt, diese in verfremdeter Weise spiegelt und die Sichtweise auf das eigene Selbst verändert.

Der Religionsunterricht sollte sich also im Kanon der schulischen Fächer die Sonderstellung bewahren, die er – zusammen mit dem Fach Philosophie – hat. Natürlich ist auch der Religionsunterricht verwoben in die Machtstrukturen des Erziehungssystems, das Bewertung von Leistungen erfordert. Hier kann nur größtmögliche Transparenz Herrschaftsstrukturen bändigen. Aber gleichzeitig bietet er auch Räume, um die es immer wieder zu kämpfen gilt, die dem Subjekt Räume des Selbstverstehens und der Selbstsorge eröffnen. Religionsunterricht realisiert sich nur da adäquat, wo er über historisches Wissen und instrumentalistische Kompetenzen hinaus die Frage nach dem Standpunkt des Subjekts im Spiegelreflex zwischen sich selbst und der Tradition eröffnet.

133 Foucault, Michel: Von anderen Räumen (1984), in: ders.: Schriften IV, 931–942, hier: 935.

134 Foucault: Von anderen Räumen (1984), 937.

135 Foucault: Von anderen Räumen (1984), 937–940.

Im Unterricht die Selbstsorge zum zentralen Punkt zu machen bzw. als Basis des Handelns zu sehen, bedeutet keine eindimensionale Selbstbezüglichkeit, sondern immer schon ein sich zur Welt, zur Tradition, zum Anderen In-Beziehung-Setzen. Selbstsorge muss ein kritisches Verhältnis zu sich selbst und zur Welt evozieren. Es geht nicht um eine narzisstische Selbstbespiegelung, wie sie Roland Reichenbach offenbar vorschwebt, der eine Pädagogik der Selbstsorge scharf kritisiert.[136]

Diese betreibe eine Ästhetik der Existenz, die man in Gestalt der Fitnessstudios und plastischen Chirurgie schon als konformitätsaffirmative Gesellschaftspraxis allerorten finde,[137] sei gerade die Ideologie, die zum von Alain Ehrenberg konstatierten erschöpften Selbst führe[138] und sei im Übrigen lediglich »Selbstreflexivität in günstigen sozioökonomischen Individuallagen«[139]. Eine solche Kritik muss als Warnung sehr ernst genommen werden. Freilich nötigt nichts dazu, Selbstsorge in dieser Perspektive eines ästhetizistischen Primitivpostmodernismus zu verstehen oder gar zu betreiben. Wie sowohl an den Quellen griechisch-römischer Philosophie als auch an den weisheitlichen Texten der biblischen Tradition gezeigt werden konnte, kann ein reflektierter Selbstumgang Stärkung des Subjektes *und* Ausgangspunkt kritischer gesellschaftlicher Praxis sein.

136 Reichenbach, Roland: »La fatigue de soi: Bemerkungen zu einer Pädagogik der Selbstsorge, in: Ricken, Norbert/Rieger-Ladich, Markus (Hg.): Michel Foucault: Pädagogische Lektüren, Wiesbaden 2004, 187–200.

137 Reichenbach: La fatigue de soi, 189.

138 Reichenbach: La fatigue de soi, 196.

139 Reichenbach: La fatigue de soi, 197.

> »Sowohl Foucault als auch den Bildungsanstrengungen einer Praktischen Theologie des Subjekts geht es somit nicht um eine individualistische Selbstverwirklichung des einzelnen, sondern um ein in Solidarität verwirklichtes Subjektsein, das auch den Subjektstatus der anderen, insbesondere der Armen, Leidenden und Unterdrückten, berücksichtigt.«[140]

Insofern ist Adorno Recht zu geben, wenn er formuliert:

> »Erziehung wäre sinnvoll überhaupt nur als eine zu kritischer Selbstreflexion.«[141]

Solche Erziehung zur kritischen Selbstreflexion, wie sie Adorno hier fordert, kann selbstverständlich nur in Auseinandersetzung mit dem Anderen erfolgen.[142] Dieses Andere begegnet in Gestalt der konkreten Anderen im

140 Kolf-van Melis: Tod des Subjekts, 271.

141 Adorno: Erziehung nach Auschwitz, 90.

142 Dass das Denken der Frankfurter Schule in vielem zwar terminologisch völlig anders stattfindet als das Foucaults, aber in wesentlichen Inhalten, namentlich seinem kritisch-emanzipatorischen Anspruch, diesem durchaus als nahe betrachtet werden kann, hat Foucault selbst festgehalten: Foucault: Gespräch mit Ducio Trombadori (1980), 90 f. u. 92: »Heute habe ich begriffen, dass die Repräsentanten dieser Schule – früher als ich – Thesen vertraten, die auch ich seit Jahren geltend zu machen versuche. [...] Was mich betrifft, so glaube ich, dass die Philosophen dieser Schule Probleme gestellt haben, mit denen wir uns immer noch abmühen: insbesondere das der Machteffekte in Verbindung mit einer Rationalität, die sich historisch, geographisch, im Abendland vom sechzehnten Jahrhundert an definiert hat. [...] Wenn ich die Verdienste der Philosophen der Frankfurter Schule anerkenne, so tue ich es mit dem schlechten Gewissen von jemandem, der ihre Bücher früher hätte lesen, sie früher hätte verstehen sollen. Hätte ich ihre Bücher gelesen, so hätte ich eine Menge Dinge nicht sagen müssen, und mir wären Irrtümer erspart geblieben. Vielleicht wäre ich, wenn ich die Philosophen dieser Schule in meiner Jugend kennengelernt hätte, von ihnen so begeistert gewesen, dass ich nichts weiter hätte tun können, als sie zu kommentieren.«

Unterricht – Mitschüler und Lehrer. Es begegnet als überlieferte Tradition in Form von Text- und Bildzeugnissen aus der Geschichte, und es begegnet als kulturelles Anderes der Gegenwart. In einem Prozess der Auseinandersetzung mit diesem Anderen, der auf Selbstreflexivität bezogen ist, kann ein Raum der Selbstsorge entstehen, innerhalb dessen nach dem rechten und gelingenden Leben gefragt werden kann, das stets in einem Wechselspiel von Freiheit und Verantwortung besteht.[143]

> »Selbst-Erfahrung ist immer vermittelt, unmittelbar ist allein die Erfahrung anderer. Ebensowenig wie unser Antlitz können wir unser inneres Selbst anders als im Spiegel betrachten. Solche Spiegelung, re-flexio, hat die Struktur der Bewußtmachung und Reflexivität. Es handelt sich daher um mehr als ein bloßes Wortspiel. Der Umgang mit anderen ist zugleich ein Umgang mit uns selbst. Anders als durch Kommunikation und Interaktion ist ein Selbst, d. h. personale Identität nicht zu haben. Personale Identität ist ein Bewußtsein von sich, das zugleich ein Bewußtsein der anderen ist: der Erwartungen, die sie an einen richten, der Verantwortung und Haftung, die sich daraus ergibt.«[144]

Im Blick auf die Rolle des Lehrers erscheint es als unabdingbar, dass sich Lehrer nicht hinter der Rolle eines Moderators verstecken. »Lehrer« selbst ist eine Rolle, die es im Spiel des schulischen Machtgefüges bewusst und offen zu spielen gilt. Nur solche Offenheit kann vermeiden,

---

143 Freiheit und Verantwortlichkeit sind die beiden Hauptpole dessen, was christlich als Gottesebenbildlichkeit zu verstehen ist: das Einstehen des Menschen vor Gott und für die Schöpfung. Oder mit Foucault: Die Ethik der Sorge um sich als Praxis der Freiheit, 879: »Die Freiheit ist die ontologische Bedingung der Ethik. Aber die Ethik ist die reflektierte Form, die die Freiheit annimmt.«

144 Assmann, Jan: Das kulturelle Gedächtnis. Schrift, Erinnerung und politische Identität in frühen Hochkulturen, München ^{6}2007, 135.

dass die Machtstrukturen in der Unerkennbarkeit verschwinden, die gerade die sog. Moderatorenrolle des Lehrers in besonderem Maße evoziert, da sie sich weigert anzuerkennen, dass das Lehrer-Schüler-Verhältnis stets in Machtgefüge verstrickt ist. Gerade da aber droht Macht in Herrschaft umzuschlagen, wo sie sich versteckt und nicht erkennbar und damit auch beeinflussbar und veränderbar ist. Lehrer aber müssen erkennbares Gegenüber mit klar erkennbar und möglichst deutlich formulierten Interessen im Lehr- und Lernprozess sein. Interessen und Absichten des Lehrers, seine Zielvorstellungen für den Unterricht, müssen aus Schülersicht erkennbar und diskutierbar sein. Der Lehrer muss ein Podium anbieten, eine Spielfläche eröffnen, auf der die Lernprozesse und Zielvorstellungen des Unterrichts einsehbar und veränderbar werden.

> »Die Macht ist nicht das Böse. Macht heißt: strategische Spiele. […] nehmen wir etwas, das Gegenstand von oft berechtigten Kritiken gewesen ist: die pädagogische Institution. Ich sehe nicht, was schlecht sein soll an der Praxis desjenigen, der in einem bestimmten Wahrheitsspiel mehr weiß als ein anderer und ihm sagt, was er tun muss, ihn unterrichtet, ihm ein Wissen übermittelt, ihm Techniken mitteilt; das Problem liegt eher darin, zu wissen, wie man bei diesen Praktiken, bei denen sich die Macht nicht nicht ins Spiel bringen kann und in denen sie nicht an sich selbst schlecht ist, Herrschaftseffekte vermeiden kann, die einen kleinen Jungen der unnützen und willkürlichen Autorität eines Lehrers unterwerfen, einen Studenten von einem sein Amt missbrauchenden Professor abhängig machen usw. Ich meine, man muss diese Probleme in Form von Rechtsregeln, vernünftigen Regierungstechniken und des *êthos*, der Praxis des Selbst und der Freiheit fassen.«[145]

145 Foucault: Die Ethik der Sorge um sich als Praxis der Freiheit, 899.

Diese Spielfelderöffnung bedarf also einerseits des Reglements zwischen Lehrer und Schülern, um den Machtmissbrauch zu vermeiden, der ja schon darin bestehen kann, bestimmte Argumente nicht zuzulassen, die Bewertung intransparent zu gestalten etc. Dieses Reglement muss ausgehandelt werden. Die Sachautorität als notwendiger Faktor im Machtspiel zwischen Lehrer und Schüler steht hierbei nur dann infrage, wenn die Schüler für sich das bessere Sachargument haben.[146]

Spielfelderöffnung ist der Religionsunterricht dann aber auch in einem zweiten, weiteren Sinne, nämlich in dem Sinne, dass den Schülern ein Spielraum der argumentativen und gestaltgebenden Selbstsorge eröffnet wird. Im Religionsunterricht gilt es, sich zu erproben: in Hinsicht auf rationale Argumente zur – nicht nur religiösen – Sache und in Hinsicht auf kreative Gestaltgebung als emotional grundierte Ausdrucksform des Religiösen. Dieses Spielfeld bedarf der Mitspieler aus Literatur, Kunst, Medien in Tradition und Gegenwart. Auf dem Spiel steht die Selbstsorge und Selbsterkenntnis des Lernenden, die zu Selbstausdruck in Freiheit und Verantwortungsübernahme führt, oder um es griechisch zu benennen: Parrhesia.

5.3 Das Ziel des Religionsunterrichts: Der Freimut der Rede als Resultat gelingender Selbstsorge

Das Ziel des Religionsunterrichtes kann mit dem Begriff der Parrhesia benannt werden, den man vielleicht am besten mit »Freiheit der Rede« übersetzen kann. Wenn hier von »dem«

146 Vgl. hierzu auch die klugen Überlegungen von Schmid, Wilhelm: Philosophie der Lebenskunst. Eine Grundlegung, Frankfurt a. M. [12]2012 (1998), 265 und 316 f.

Ziel des Religionsunterrichtes die Rede ist, so ist selbstverständlich zuzugestehen, dass der bestimmte Artikel keine Ausschließlichkeit suggerieren sollte. Ein zweites wichtiges Ziel des Religionsunterrichts, das mit dem hier benannten nicht einfach egalisiert werden kann, ist das der religiösen Gestaltgebung, das im Fokus der performativen Religionsdidaktik, aber auch der religionspädagogischen und bildungstheoretischen Überlegungen Joachim Kunstmanns steht.[147]

Gleichwohl sind nicht beliebig viele Ziele des Religionsunterrichtes anzunehmen, und nicht alle Vorschläge, was im Religionsunterricht anzustreben sei, verhalten sich komplementär. Wenn hier der Gedanke der Parrhesia herausgestellt wird, so ist zuzugestehen, dass er sich anschlussfähig oder komplementär zu einer gestaltgebenden Religionspädagogik verhält. Diese konzentriert sich – wenn man das einmal so ausdrücken darf – auf einen freimütigen Selbstausdruck des religiösen Bewusstseins mit einem Akzent auf dem empfindungsfähigen Selbst. Ein an der Parrhesia orientierter Ansatz, wie er hier angedeutet wird – und mehr als eine Andeutung kann und soll es in dieser grundlegenden Publikation nicht sein – legt den Akzent stärker auf eine rationale Selbstbehauptung des Glaubens bzw. der Überzeugung in der Gesellschaft und gegenüber autoritären Machtansprüchen. Beide Ansätze vermögen sich m. E. zu ergänzen. Beide Ansätze aber sind nicht an durch Tests evaluierbaren Kompetenzen orientiert, sondern stellen einen Möglichkeitsraum bereit, in dem sich das Selbst des Menschen bilden kann. Die Hoffnung des Lehrers für diesen Möglichkeitsraum besteht in dem Zielhorizont, den

147 Vgl.: Kunstmann, Joachim: Religion und Bildung. Zur ästhetischen Signatur religiöser Bildungsprozesse (RPG Bd. 2), Gütersloh/Freiburg i. B. 2002.

das Evangelium vorgibt. Die Erfüllung dieser Hoffnung kann aber gerade nicht testiert werden, sondern muss sich je und je im Alltag, im Leben der Schüler bewähren, wobei das Leben auch in der Schule schon begonnen hat und hier durchaus auch erkennbar werden kann, ob Schüler zu einer Parrhesia ihrer Überzeugungen finden.

> »Oder genauer gesagt, *parrhesia* ist eine verbale Tätigkeit, bei der der Sprecher seine persönliche Beziehung zur Wahrheit äußert und sein Leben aufs Spiel setzt, weil er das Wahrsprechen als eine Pflicht erkennt, um anderen Menschen (so wie sich selber) zu helfen oder sie zu verbessern. Bei *parrhesia* gebraucht der Sprecher seine Freiheit und wählt Offenheit anstelle von Überredung, die Wahrheit anstelle von Falschheit oder Schweigen, das Risiko des Todes anstelle von Leben und Sicherheit, die Kritik anstelle von Schmeichelei, und die moralische Pflicht anstelle von Eigennutz und moralischer Gleichgültigkeit.«[148]

Parrhesia wird hier gedeutet als das Vertreten der eigenen Überzeugungen auch angesichts damit verbundener Risiken. Dies geschieht aus der für sich erkannten Pflicht heraus, nicht schweigen zu dürfen. Foucault bezieht sich bei seinen Überlegungen auf das griechische Denken von Euripides bis Demosthenes. Parrhesia ist, so Foucault, bei Euripides die »Bezeichnung des Rechts zu sprechen, des Rechts, öffentlich das Wort zu ergreifen, gewissermaßen zu sprechen, um seine Meinung über einen Bereich von Dingen auszudrücken, die den Staat angehen«.[149] Im vierten Jahrhundert allerdings hat sich der Begriff gewandelt und bezeichnet nunmehr nicht mehr einfach ein selbstverständliches demokratisches Recht, sondern ein gefährliches Wagnis:

148 Foucault: Diskurs und Wahrheit, 19.

149 Foucault: Der Mut zur Wahrheit, 55.

»In den Texten um das Ende des 5. Jahrhunderts und vor allem in denen des 4. Jahrhunderts […] war die *parrhesia* viel weniger als ein Recht erschienen, das es in der Fülle der Freiheit auszuüben galt, sondern als gefährliche Praxis mit zweideutigen Wirkungen, die nicht ohne Vorsichtsmaßnahmen und Grenzen ausgeübt werden darf. […] Bei dieser Kritik der demokratischen *parrhesia*, die sich in den philosophischen und politischen Texten des 4. Jahrhunderts entwickelt, handelt es sich in Wirklichkeit um die Kritik der Demokratie, der demokratischen Institutionen, der Praktiken der Demokratie mit ihrem herkömmlichen Anspruch, […] der privilegierte Ort für das Auftreten des Wahrsprechens zu sein.«[150]

Wenn in der Demokratie des 4. Jahrhunderts jeder seine Meinung sagen kann, wie ihm das beliebt, so kann dies auf der einen Seite demokratiegefährdend sein, auf der anderen Seite ist auch der Einzelne, der parrhesiastisch Redende, gefährdet, weil das System sich u. U. gegen ihn wendet.

Karl Kardinal Lehmann hat in einer Rede zum Gedenken an den Widerstand der »Weißen Rose« den Gedanken der Parrhesia im Sinne des risikobereiten Mutes, auch der »Zivilcourage«, aufgegriffen und biblisch erläutert.[151] Parrhesia bezeichnet hierbei biblisch einerseits den Freimut der Rede aus der Glaubensüberzeugung heraus und über den Glauben und die eigene Überzeugung in der Öffentlichkeit, zum anderen aber auch den Freimut der Rede gegenüber Gott, den man im Gebet direkt anspricht.

»Es ist ein Zeichen für die tiefe Bedeutungsgeschichte des Wortes parrhesia, dass der neutestamentliche Sprachgebrauch vom

150 Foucault: Der Mut zur Wahrheit, 56 u. 59.

151 Zum neutestamentlichen Gebrauch vgl. Balz, Horst: παρρησία, in: Exegetisches Wörterbuch zum Neuen Testament, hg. von H. Balz und G. Schneider, Bd. III, 2., verbesserte Auflage mit Literaturnachträgen, Stuttgart 1992, 105–112.

Hellenismus und vom griechisch sprechenden Judentum her zu verstehen ist. Ein Beispiel dafür entstammt dem Brief des Paulus an Philemon: ›Obwohl ich in Christus volle Freiheit (parrhesia) habe, dir zu befehlen, was du tun sollst, ziehe ich es um der Liebe willen vor, dich zu bitten‹, schreibt der alte Paulus in Ketten an Philemon und tritt für dessen Sklaven Onesimus ein (8). Auch der Zusammenhang von Öffentlichkeit und Freimut ist offenkundig, wie aus den johanneischen Schriften hervorgeht, vgl. z. B. Joh 7,4. Manchmal steht auch Öffentlichkeit dem göttlichen Geheimnis gegenüber (vgl. Eph 6,19; 3,12). In Christo haben wir das Recht, Gott alles zu sagen, und den Zutritt. Ursprünglich ist Gott der souveräne Herr des Gerichts, dem man sich eigentlich nicht nähern kann. Aber in Jesus Christus können und dürfen wir den Mut haben, uns ihm zu nähern (vgl. 1 Joh 2,28; 4,17; 3,21; 5,14).«[152]

Lehmann sieht eine Linie der Zivilcourage, die sich im parrhesiastischen Reden äußert, vom griechischen Gedankengut über das griechisch sprechende Judentum, das Neue Testament und die frühe Kirche (insbesondere die Märtyrer!) bis hin zur Weißen Rose und dem couragierten Einschreiten von Menschen gegen Gewalt und Diskriminierung heute. Ausdrücklich greift er hierbei auch auf die Forschungen Foucaults zurück und konstatiert:

»Wenn man die Gedanken von Michel Foucault weiterentfalten würde, könnte man noch besser erkennen, wie sehr die parrhesia zur Theorie und Praxis auch der modernen Demokratie gehört und wie sehr der Gedanke der Zivilcourage diesem Wort eng verwandt ist. Damit offenbart sich über alle historischen Bedingtheiten hinaus ein grundlegender Strang des europäischen politischen, ethischen und religiösen Denkens, das sich ganz

152 Lehmann, Karl Kardinal: Zivilcourage und Formen des Widerstands. Gedächtnisvorlesung Weiße Rose am 21. Januar 2010 in der Ludwig-Maximilians-Universität in München, http://www.bistummainz.de/bistum/bistum/kardinal/texte/texte_2010/zivilcoruage.html (7.3.2013), ohne Paginierung.

besonders im vorbildlichen Leben, Wirken und Sterben der Mitglieder der Weißen Rose vollendet. Wir denken aber auch an mutige Männer und Frauen der Zivilcourage in unseren Tagen, hier in München besonders an Dominik Brunner, der am 12. September 2009 am S-Bahnhof in Solln seinen Einsatz für Kinder und Jugendliche mit dem Leben bezahlte. Ihre Lebenshingabe darf nicht umsonst sein.«[153]

Aus dem glaubenden Vertrauen auf Gott resultiert die Parrhesia des Sprechens und Eintretens für die Wahrheit in der Gesellschaft und gegenüber den Anmaßungen und Angriffen von Totalitarismus und Gewalt. Am Beispiel der Weißen Rose und des Eintretens von Menschen auch heute gegen Gewalt und Übergriffe gegenüber Schwächeren wird dies in besonderem Maße deutlich. Die tödliche Ernsthaftigkeit einer solchen Parrhesia stellt den äußersten Grad an Zivilcourage, den Menschen leisten können, dar, bis hin zur Hingabe ihres Lebens.

Parrhesia beginnt allerdings schon viel früher, unspektakulärer und in kleineren Zeichen des Eintretens für das Rechte in Form der Kritik. Da, wo ein freies und kritisches Einstehen für die Wahrheit, nicht zuletzt auch in Form von Selbstreflexion und Selbstkritik, gegen die größere Macht oder auf die Gefahr von Ärger und Verletzung erfolgt, bricht sich die Parrhesia Bahn.

»Denn bei *parrhesia* entsteht die Gefahr immer durch die Tatsache, daß die gesagte Wahrheit den *Gesprächspartner* verletzen oder verärgern kann. *Parrhesia* ist immer ein ›Spiel‹ zwischen demjenigen, der die Wahrheit spricht und dem Gesprächspartner. Die *parrhesia* kann zum Beispiel in dem Hinweis enthalten sein, der Gesprächspartner solle sich in einer bestimmten Art

153 Lehmann: Zivilcourage und Formen des Widerstands, o. Pag.

und Weise verhalten, oder er habe unrecht mit dem, was er denkt usw. Oder die *parrhesia* kann ein Geständnis dessen sein, was der Sprecher selbst getan hat, insofern er das Geständnis jemandem macht, der Macht über ihn ausübt und in der Lage ist, ihn für das, was er getan hat, zu tadeln oder zu bestrafen. Man sieht also, die Funktion der *parrhesia* ist es nicht, jemand anderem die Wahrheit darzutun, sondern sie hat die Funktion von *Kritik*: Kritik am Gesprächspartner oder am Sprecher selbst.«[154]

Als solches ist das parrhesiastische Reden ein Reden, das sich einer Ethik der Pflicht verdankt, die das Unausgesprochene nicht auf sich beruhen lassen kann.

»Das letzte Merkmal der *parrhesia* ist dies: Bei *parrhesia* wird es als Pflicht betrachtet, die Wahrheit zu sagen. Dem Sprecher zum Beispiel, der denen die Wahrheit sagt, die diese Wahrheit nicht akzeptieren können, und der womöglich verbannt oder auf irgendeine Weise bestraft wird, steht es frei zu schweigen. Niemand zwingt ihn, zu sprechen, aber er fühlt, daß es seine Pflicht ist, es zu tun.«[155]

Ein solches Eintreten für die Gesellschaft im Sinne ihrer stets neu notwendigen Korrektur angesichts des eschatologischen Vorbehalts, der theologisch verbietet, das Erreichte mit dem Idealen zu identifizieren, bedarf andererseits einer Gründung in einer gelingenden Selbstsorge. Schon das parrhesiastische Reden des Sokrates, das davon bestimmt ist, für die Menschen und die Polis Athens Wahrheit anzusagen, ist angewiesen auf die Selbstsorge.

---

154 Foucault, Michel und Pearson, James (Hg.): Diskurs und Wahrheit: Die Problematisierung der Parrhesia. Sechs Vorlesungen, gehalten im Herbst 1983 an der Universität von Berkeley/Kalifornien, Berlin 1996, 16.

155 Foucault: Diskurs und Wahrheit, 18.

»In Platons Texten erscheint Sokrates in der Rolle des *parrhesiastes*. Obwohl das Wort *parrhesia* mehrmals bei Platon vorkommt, gebraucht er niemals das Wort *parrhesiastes* – ein Wort, das erst später als Bestandteil des griechischen Wortschatzes auftaucht. Und dennoch ist Sokrates' Rolle eine typisch parrhesiastische, da er den Athenern ständig auf der Straße entgegentritt und, wie in der *Apologie* angemerkt, ihnen die Wahrheit aufzeigt, ihnen gebietet, sich um Weisheit, Wahrheit und die Vervollkommnung ihrer Seele zu kümmern. Und im *Alkibiades der Ältere* übernimmt Sokrates ebenfalls im Dialog die parrhesiastische Rolle. Doch während Alkibiades' Freunde und Liebhaber ihm alle schmeicheln bei ihrem Versuch, seine Gunst zu gewinnen, riskiert Sokrates Alkibiades' Zorn, wenn er zu folgender Idee hinleitet: daß, bevor Alkibiades in der Lage sein wird, das auszuführen, auf dessen Erfüllung er so stark setzt, nämlich der erste unter den Athenern zu werden, um über Athen zu herrschen und mächtiger als der König von Persien zu werden, bevor er in der Lage sein wird, für Athen Sorge zu tragen, er erst lernen muß, für sich selbst Sorge zu tragen. Philosophische *parrhesia* ist somit mit dem Thema der Sorge um sich (epimeleia heautu) verbunden.«[156]

Ohne eine konsequente Selbstsorge kann die Übernahme politischer Verantwortung nicht gelingen. Wer andere regieren will, muss damit anfangen, sich selbst zu regieren. Gleiches gilt natürlich auch für den Parrhesiasten. Wer anderen die Wahrheit sagen will, muss sich selber am schärfsten prüfen, ob er nicht der eigenen Selbstsucht und Eitelkeit das Wort redet, welche Irrtümer auch in seinem Sprechen vielleicht zum Ausdruck kommen mögen. Freimut der Rede setzt ständige Selbstsorge – im Sinne einer Selbstprüfung – voraus. Erst derjenige, der sich selbst im Blick hat, kann auch das Verhalten anderer in den Blick nehmen. Der Jesus der Bergpredigt hat das mit dem Bild

156 Foucault: Diskurs und Wahrheit, 23 f.

des Balkens im eigenen Auge, der oft schwerer zu erkennen ist als der Splitter im Auge des anderen, in ein treffendes Bild gebracht. Jede Ansage der Wahrheit steht, theologisch formuliert, unter dem eschatologischen Vorbehalt. Hier gelangt man wieder an die Stelle, an der weisheitliches und stoisches Denken konvergieren: Bedenke, du bist nicht/kein Gott! Sorge dich um ein weltentsprechendes und das heißt selbstkritisch-gelassenes und mutig freisprechendes Leben und Selbst.

Und der Imperativ der Parrhesia, der Angesprochenem und Sprechendem gilt, bedarf des Indikativs der Zusage »Du bist nicht perfekt, aber du bist okay«, die aus der Sorge um das eigene Selbst resultiert und in die Sorge um das Selbst mündet. Der theologische Akzent liegt darauf, dass diese Zusage letztlich keine Selbstzusage ist, sondern als Ereignis, als Geschenk, als Zusage des ganz anderen Gottes gedacht werden muss. Der letzte Horizont der Selbstsorge liegt in der Zusage der Rechtfertigung dieses Selbst, die gerade nicht von der Selbstsorge entbindet, sondern diese neu hervorruft.

Heiner Keupp hat dies in Bezug auf die heutige demokratische Alltagskultur formuliert und dabei auch noch einmal auf den Zusammenhang zwischen Selbstsorge und freiem Engagement hingewiesen.

> »Zivilgesellschaft ist die Idee einer zukunftsfähigen demokratischen Alltagskultur, die von der identifizierten Beteiligung der Menschen an ihrem Gemeinwesen lebt und in der Subjekte durch ihr Engagement zugleich die notwendigen Bedingungen für gelingende Identitätsarbeit in einer offenen pluralistischen Gesellschaft schaffen und nutzen. ›Bürgerschaftliches Engagement‹ wird aus dieser Quelle der vernünftigen Selbstsorge gespeist. Menschen suchen in diesem Engagement Lebenssinn,

> Lebensqualität und Lebensfreude und sie handeln aus einem Bewusstsein heraus, dass keine, aber auch wirklich keine externe Autorität das Recht für sich beanspruchen kann, die für das Subjekt stimmigen und befriedigenden Konzepte des richtigen und guten Lebens vorzugeben. Zugleich ist gelingende Selbstsorge von dem Bewusstsein durchdrungen, dass für die Schaffung autonomer Lebensprojekte soziale Anerkennung und Ermutigung gebraucht wird, sie steht also nicht im Widerspruch zu sozialer Empfindsamkeit, sondern sie setzen sich wechselseitig voraus. Und schließlich heißt eine ›Politik der Lebensführung‹ auch: Ich kann mich nicht darauf verlassen, dass meine Vorstellungen vom guten Leben im Delegationsverfahren zu verwirklichen sind. Ich muss mich einmischen. Eine solche Perspektive der Selbstsorge ist darum mit keiner Version ›vormundschaftlicher‹ Politik und Verwaltung vereinbar. Ins Zentrum rückt mit Notwendigkeit die Idee der ›Zivilgesellschaft‹.«[157]

Keupp entfaltet hier, ausgehend von seinem Zielinteresse, der Partizipation an der Zivilgesellschaft, den Zusammenhang zwischen Selbstsorge und Engagement auf der einen Seite und den zwischen Selbstsorge, eigener Ermutigung und Empfindsamkeit auf der anderen Seite.

Soziales Engagement entspringt immer auch dem Interesse des Subjekts, in seinem Leben sowohl Verbesserungen zu erreichen, als auch einen Sinn zu setzen. Altruismus und Egoismus sind mithin nicht gegeneinander auszuspielen, sondern wirken ineinander. Zudem bedarf gelingende Selbstsorge stets auch der Ermutigung, der Wertschätzung und Annahme durch andere. Wo das geschieht, erhöht sich auch die Sensibilität für Leben und Interesse anderer.
Was hierbei das gute und richtige Leben ist, bedarf der im-

157 Keupp, Heiner: Identitäten – befreit von Identitätszwängen, aber nicht von alltäglicher Identitätsarbeit, in: ZPT 64/2012 (Heft 2), 100–111, hier: 110.

mer neuen Reflexion und des Austauschs mit anderen. Es kann von keiner Autorität vorgegeben werden, sondern ist selbstbestimmt im Sinne evangelischer Freiheit.[158]

Im Grunde sollte dies alles für alle hermeneutischen Fächer gelten. Religion schafft keine Sonderwirklichkeit. Und auch der Religionsunterricht sollte zwar ein Heterotopos sein, aber er ist dies als ein Zeichen in der Wirklichkeit und für die Wirklichkeit, in der es solche zeichenhaften Orte geben muss, da die Wirklichkeit eben nicht das Reich Gottes ist. Er macht die Entfremdung der Welt deutlich und versucht, immer wieder einen Raum zu bieten, in dem das Ausstehende benannt und das Essentielle – wenn nicht gezeigt, so doch zumindest – angedeutet wird. Für heute liegt das Ziel des Religionsunterrichts im Blick auf das Subjekt darin, eine Sorge um sich selbst zu ermöglichen, die in Parrhesia, in freies Eintreten für die eigene Überzeugung und daraus resultierend auch für die Gesellschaft mündet; oder um es mit zwei weisheitlichen Zitaten zu sagen:

> »Wenn überhaupt jemand, so kann nur unser Gott, den wir verehren, uns erretten; auch aus dem glühenden Feuerofen und aus deiner Hand, König, kann er uns retten. Tut er es aber nicht, so sollst du, König, wissen: Auch dann verehren wir deine Götter nicht und beten das goldene Standbild nicht an, das du errichtet hast« (Dan 3,17f., Einheitsübers.).

> »Öffne deinen Mund für den Stummen, für das Recht aller Schwachen! Öffne deinen Mund, richte gerecht, verschaff dem Bedürftigen und Armen Recht!« (Spr 31,8.9, Einheitsübers.).

158 Strukturell wird dem Rechnung getragen, indem die Religionsgemeinschaften – als Orte der Sinnorientierung und deren Reflexion – klare Mitsprache- und Vetorechte bei der Gestaltung des Religionsunterrichtes haben.

Literaturverzeichnis

Die Texte Foucaults, die in der vierbändigen von Daniel Defert und François Ewald herausgegebenen Ausgabe der zu Foucaults Lebzeiten an nur schwer zugänglichen Orten publizierten Schriften (Dits et Ecrits) enthalten sind, werden durchgängig nur mit dem Titel und der Jahreszahl ihres Entstehens, sowie der Angabe des Bandes in römischen Ziffern und mit den entsprechenden Seitenangaben zitiert. Die franz. Ausgaben wurden, wo nötig, zu Rate gezogen. Insbesondere das Spätwerk Foucaults ist allerdings hervorragend ins Deutsche übersetzt.

Jahreszahlen in Klammern bezeichnen jeweils das Datum der Erstveröffentlichung, bei Foucault jeweils das der französischen Erstausgabe.

Adorno, Theodor W.: Erziehung nach Auschwitz, in: ders.: Erziehung zur Mündigkeit, Frankfurt a. M. 1971, 88–104

Agamben, Giorgio: Herrschaft und Herrlichkeit. Zur theologischen Genealogie von Ökonomie und Regierung, Berlin 2010 (2007)

Agamben, Giorgio: Nacktheiten, Frankfurt a. M. 2010 (2009)

Ammicht Quinn, Regina: Ver/Kleidung. Mode, Körper und die Frage nach dem Sinn, in: Sellmann, Matthias (Hg.): Mode. Die Verzauberung des Körpers, Mönchengladbach 2002, 81–90

Assmann, Jan: Das kulturelle Gedächtnis. Schrift, Erinnerung und politische Identität in frühen Hochkulturen, München [6]2007

Aurel, Mark: Meditationen, in: Digitale Bibliothek Bd. 2. Philosophie von Platon bis Nietzsche, 5777–6008 (Mark Aurel's Meditationen. Aus dem Griechischen von F. C. Schneider. Dritte, verbesserte Auflage, Breslau 1875

Balz, Horst: παρρησία, in: Exegetisches Wörterbuch zum Neuen Testament, hg. von H. Balz und G. Schneider, Bd. III, 2., verbesserte Auflage mit Literaturnachträgen, Stuttgart 1992, 105–112.

Balzer, Nicole: Von den Schwierigkeiten, nicht oppositional zu denken. Linien der Foucault-Rezeption in der deutschsprachigen Erziehungswissenschaft, in: Ricken, Norbert/Rieger-Ladich, Markus (Hg.): Michel Foucault: Pädagogische Lektüren, Wiesbaden 2004, 15–35

Barthes, Roland: Die Lust am Text, Frankfurt a. M. [8]1996

Bauer, Christian/Hölzl, Michael (Hg.): Gottes und des Menschen Tod? Die Theologie vor der Herausforderung Michel Foucaults, Mainz 2003

Beaudoin, Tom: Witness to Dispossession. The Vocation of a Post-modern Theologian, Maryknoll (NY) 2008

Beier, Peter: Verantwortung konkret. Texte zum Zeitgeschehen, Neukirchen-Vluyn 1994

Benner, Dietrich/Brüggen, Friedhelm: Geschichte der Pädagogik. Vom Beginn der Neuzeit bis zur Gegenwart, Stuttgart 2011

Bernauer, James/Carrette, Jeremy (Hg.): Michel Foucault and Theology. The Politics of Religious Experience, Hampshire (GB) und Burlington (USA) 2004

Beuscher, Bernd/Zilleßen, Dietrich: Religion und Profanität. Entwurf einer profanen Religionspädagogik, Weinheim 1998

Binswanger, Hans Christoph: Die Glaubensgemeinschaft der Ökonomen. Essays zur Kultur der Wirtschaft, München 1998

Böhm, Winfried: Geschichte der Pädagogik. Von Platon bis zur Gegenwart, München, 3., verbesserte Auflage 2010 (2004)

Böhme, Gernot: Der Typ Sokrates, 3., erweiterte Aufl., Frankfurt a. M. 2002

Bonhoeffer, Dietrich: Ethik, Gütersloh [3]2010

Braun, Rainer: Kohelet und die frühhellenistische Popularphilosophie (BZAW 130), Berlin 1973

Bröckling, Ulrich: Das unternehmerische Selbst. Soziologie einer Subjektivierungsform, Frankfurt a. M. 2007

Brown, Peter: Die Keuschheit der Engel. Sexuelle Entsagung, Askese und Körperlichkeit am Anfang des Christentums, München/Wien 1991 (1988)

Bünger, Carsten/Mayer, Ralf/Messerschmidet, Astrid/Zitzelsberger, Olga (Hg.): Bildung der Kontrollgesellschaft. Analyse und Kritik pädagogischer Vereinnahmungen. Festschrift für Ludwig A. Pongratz, Paderborn 2009

Cicero, Marcus Tullius: Ausgewählte Werke in fünf Bänden, Düsseldorf 2008

Cicero, Marcus Tullius: Fünf Bücher über das höchste Gut und Übel, in: Digitale Bibliothek Bd. 2. Philosophie von Platon bis Nietzsche, 5197–5508 (Des Marcus Tullius Cicero fünf Bücher über das höchste Gut und Übel. Übersetzt, erläutert und mit einer Lebens-Beschreibung versehen von J. H. von Kirchmann, Leipzig 1874 (Philosophische Bibliothek, Bd. 22)

Detel, Wolfgang: Foucault und die klassische Antike. Macht, Moral, Wissen. Mit einem neuen Vorwort, Frankfurt a. M. ^{2}2006 (1998)

Deutz-Schröder, Monika/Quasten, Rita/Schroeder, Klaus/Schulze-Heuling, Dagmar: Ungleiche Schwestern? Demokratie und Diktatur im Urteil von Jugendlichen, in: APuZ 32–34/2012 (62. Jg.), 19–27

Döbert, Marcus: Posthermeneutische Theologie. Plädoyer für ein neues Paradigma (ReligionsKulturen Bd. 3), Stuttgart 2009

Dressler, Bernhard/Schroeter-Wittke, Harald (Hg.): Religionspädagogischer Kommentar zur Bibel, Leipzig 2012

Dressler, Bernhard: Unterscheidungen. Religion und Bildung (ThLZ.F 18/19), Leipzig 2006

Drewermann, Eugen: Tiefenpsychologie und Exegese. Band II. Die Wahrheit der Werke und der Worte. Wunder, Vision, Weissagung, Apokalypse, Geschichte, Gleichnis, Olten 1985

Ebner, Martin: Der Antikönig: Nackt und erhöht. Neutestamentliche Deutungen des Sterbens Jesu (2), in: Christ in der Gegenwart 65/2013, o. S., zitiert nach der Internetversion: http://www.christ-in-der-gegenwart.de/aktuell/extras/artikel_angebote_detail?k_beitrag=1283817 (24.5.2013)

Ebner, Martin: Kynische Jesusinterpretation – »disciplined exaggeration«? Eine Anfrage, in: BZ NF 40/1996, 93–100

Ebner, Martin: Wessen Medium willst du sein? (»Die Heilung des Besessenen von Gerasa«), http://www.ev.theologie.uni-mainz.de/zimmermann/wunderkompendium/downloads/texte _band_1_wunder_jesu/208_Mk5,1-20_Ebner_7-2-2011.pdf

Engemann, Wilfried: Semiotische Homiletik. Prämissen – Analysen – Konsequenzen (THLI Bd. 5), Tübingen/Basel 1993

Epiktet: Handbüchlein der stoischen Moral (Encheiridion), in: Digitale Bibliothek Bd. 2. Philosophie von Platon bis Nietzsche, 5727–5776 (Epiktet's Handbüchlein der stoischen Moral. Übersetzt und erklärt von Carl Conz, Berlin o. J. (Übersetzung: 1864))

Erpenbeck, John: Selbstorganisiertes Lernen – Ausdruck des Zeitgeistes oder Ausdruck der Zeit?, in: Hoffmann, Dietrich/Maack-Rheinländer (Hg.): Ökonomisierung der Bildung, Weinheim 2001, 199–214

Fischer, Dietlind/Elsenbast, Volker (Hg.): Grundlegende Kompetenzen religiöser Bildung. Zur Entwicklung des evangelischen Religionsunterrichts durch Bildungsstandards für den Abschluss der Sekundarstufe I, Münster 2006

Foucault, Michel und Pearson, James (Hg.): Diskurs und Wahrheit: Die Problematisierung der Parrhesia. Sechs Vorlesungen, gehalten im Herbst 1983 an der Universität von Berkeley/Kalifornien, Berlin 1996

Foucault, Michel: Archäologie des Wissens, Frankfurt a. M. 1981 (1969)

Foucault, Michel: Das Spiel des Michel Foucault (1977), in: ders: Schriften III, 391–429

Foucault, Michel: Der Gebrauch der Lüste. Sexualität und Wahrheit 2, Frankfurt a. M. 1986 (1984)

Foucault, Michel: Der Mut zur Wahrheit. Die Regierung des Selbst und der anderen II, Vorlesung am Collège de France 1983/84, Berlin 2010

Foucault, Michel: Der Wille zum Wissen. Sexualität und Wahrheit 1, Frankfurt a. M. ^{19}2012 (1976)

Foucault, Michel: Die analytische Philosophie der Politik (1978), in: ders.: Schriften III, 675–695

Foucault, Michel: Die Ethik der Sorge um sich als Praxis der Freiheit (1984), in: ders.: Schriften IV, 875–902

Foucault, Michel: Die Geburt der Biopolitik, Geschichte der Gouvernementalität II, Vorlesung am Collège de France 1978–79, Frankfurt a. M. 2004

Foucault, Michel: Die Geburt der Klinik. Eine Archäologie des ärztlichen Blicks, Frankfurt a. M. [8]2008 (1963)

Foucault, Michel: Die Hermeneutik des Subjekts (1982), in: ders.: Schriften IV, 423–438

Foucault, Michel: Die Ordnung der Dinge. Eine Archäologie der Humanwissenschaften, Frankfurt a. M. [9]1990 (1966)

Foucault, Michel: Die Ordnung des Diskurses. Inauguralvorlesung am Collège de France. Mit einem Essay von Ralf Konersmann, Frankfurt a. M. 1991 (1972)

Foucault, Michel: Die Sorge um sich. Sexualität und Wahrheit 3, Frankfurt a. M. 1986 (1984)

Foucault, Michel: Die Wahrheit und die juristischen Formen (1974), in: ders: Schriften II, 669–792

Foucault, Michel: Dits et écrits 1954–1988, II: 1976–1988, Édition établie sous la direction de Daniel Defert et François Ewald avec la collaboration de Jacques Lagrange, Éditions Gallimard 2001 (zweibändige Druckausgabe 2012)

Foucault, Michel: Foucault (1984), in: ders.: Dits et écrits 1954–1988, II: 1976–1988, Édition établie sous la direction de Daniel Defert et François Ewald avec la collaboration de Jacques Lagrange, Éditions Gallimard 2001 (zweibändige Druckausgabe 2012), 1450–1455

Foucault, Michel: Foucault (1984), in: ders.: Schriften IV, 776–782

Foucault, Michel: Gespräch mit Ducio Trombadori (1980), in: ders.: Schriften IV, 51–119

Foucault, Michel: Hermeneutik des Subjekts. Vorlesung am Collège de France 1981/82, Frankfurt a. M. 2004

Foucault, Michel: Mikrophysik der Macht. Über Strafjustiz, Psychiatrie und Medizin, Berlin 1976

Foucault, Michel: Psychologie und Geisteskrankheit, Frankfurt a. M. [15]2012 (1954)

Foucault, Michel: Schriften in vier Bänden. Dits et Ecrits I–IV, hg. von Daniel Defert und François Ewald unter Mitarbeit von Jacques Lagrange, Frankfurt a. M. 2001–2005

Foucault, Michel: Sicherheit, Territorium, Bevölkerung, Geschichte der Gouvernementalität I, Vorlesung am Collège de France 1977–1978, Frankfurt a. M. 2004

Foucault, Michel: Technologien des Selbst (1984), in: ders.: Schriften IV, 966–999

Foucault, Michel: Überwachen und Strafen. Die Geburt des Gefängnisses, Frankfurt a. M. 1994 (1975)

Foucault, Michel: Von anderen Räumen (1984), in: ders.: Schriften IV, 931–942

Foucault, Michel: Wahnsinn und Gesellschaft. Eine Geschichte des Wahns im Zeitalter der Vernunft, Frankfurt a. M. 1969 (1961)

Foucault, Michel: Zur Genealogie der Ethik. Ein Überblick über die laufende Arbeit (1984), in: ders.: Schriften IV, 747–776

Gräb, Wilhelm: Rechtfertigung, in: Mette, Norbert/Rickers, Folkert: Lexikon der Religionspädagogik, Neukirchen-Vluyn 2001, Bd. 2, Sp. 1588–1594

Habermas, Jürgen: Der philosophische Diskurs der Moderne. Zwölf Vorlesungen, Frankfurt a. M. 1985

Hartman, Detlef/Geppert, Gerald: Cluster. Die neue Etappe des Kapitalismus, Berlin/Hamburg 2008

Hattie, John: Lernen sichtbar machen. Überarbeitete deutschsprachige Ausgabe von »Visible Learning« besorgt von Wolfgang Beywl und Klaus Zierer, Baltmannsweiler 2013

Heimerl, Theresia: Ein Sack voll Blut, Schleim, *Feuchtigkeit* und Galle. Eine theologische Exkursion in die Feuchtgebiete, in: www.theologie-und-kirche.de/feuchtgebiete.pdf

Heinisch, Paul: Das Buch der Weisheit (exegetisches Handbuch zum Alten Testament, 24. Band) Münster 1912

Heinisch, Paul: Griechische Philosophie und Altes Testament II. Septuaginta und Buch der Weisheit, in: Biblische Zeitfragen, siebente Folge, Münster 1914, 87–122

Heinisch, Paul: Griechische Philosophie und Altes Testament. I. Die palästinensischen Bücher, in: Biblische Zeitfragen, sechste Folge, Münster 1913, 203–279

Heinrich, Klaus: Parmenides und Jona. Vier Studien über das Verhältnis von Philosophie und Mythologie, Basel, 2., verbesserte Aufl. 1982 (1964)

Hengel, Martin: Judentum und Hellenismus. Studien zu ihrer Begegnung unter besonderer Berücksichtigung Palästinas bis zur Mitte des 2. Jh. v. Chr. (WUNT 10) 3., durchgesehene Aufl., Tübingen 1988

Hölderlin, Friedrich: Parallele zwischen Salomons Sprüchwörtern und Hesiods Werken und Tagen, in: ders.: Sämtliche Werke und Briefe, Bd. II, Darmstadt 1998, 28–39

Husmann, Bärbel: Die Sprüche Salomos, in: Dressler, Bernhard/Schroeter-Wittke, Harald (Hg.): Religionspädagogischer Kommentar zur Bibel, Leipzig 2012, 182–187

Josuttis, Manfred: Petrus, die Kirche und die verdammte Macht, Stuttgart 1993

Kaiser, Otto: Anweisungen zum gelingenden, gesegneten und ewigen Leben. Eine Einführung in die spätbiblischen Weisheitsbücher (ThLZ Forum Bd. 9), Leipzig 2003

Kaiser, Otto: Art. Weisheitsliteratur, in Evangelisches Kirchenlexikon. Internationale theologische Enzyklopädie, hg. von Erwin Fahlbusch, Jan Milič Lochman, John Mbiti, Jaroslav Pelikan und Lukas Vischer, Directmedia, Berlin 2003 (Digitale Bibliothek Bd. 98), 14755–14768 (EKL Bd. 4/11, 1243–1249)

Kant, Immanuel: Die Metaphysik der Sitten, in: ders.: Werke Bd. 4. Schriften zur Ethik und Religionsphilosophie, hg. von Weischedel, Wilhelm, Darmstadt 1983, 301–634

Kernlehrplan für das Gymnasium – Sekundarstufe I in Nordrhein-Westfalen. Evangelische Religionslehre, hg. vom Ministerium für Schule und Weiterbildung des Landes Nordrhein-Westfalen, Düsseldorf 2011

Keupp, Heiner: Identitäten – befreit von Identitätszwängen, aber nicht von alltäglicher Identitätsarbeit, in: ZPT 64/2012 (Heft 2), 100–111

Klein, Hans-Peter/Kissling, Beat: Irrwege der Unterrichtsreform. Die ernüchternde Bilanz eines utilitaristischen Imports: Entpersonalisierung und Banalisierung der Bildung. Kritische Stimmen zu den Unterrichtsreformen nach PISA auf einer internationalen Tagung an der Goethe-Universität Frankfurt 2012, in: DPV (Hg.): Profil 9/2102, 16–27.

Klein, Hans-Peter: Qualitätssicherung durch Notendumping. Inkompetenzkompensationskompetenz verschleiert das Scheitern der Schulreformen, in: DPV (Hg.): Profil 11, 2012, 24–28

Klostermeier, Birgit: Das unternehmerische Selbst der Kirche. Eine Diskursanalyse (Praktische Theologie im Wissenschaftsdiskurs 10), Berlin/New York 2011

Kolf-van Melis, Claudia: Tod des Subjekts? Praktische Theologie in Auseinandersetzung mit Michel Foucaults Subjektkritik (Praktische Theologie heute Bd. 62), Stuttgart 2003

Krautz, Jochen: Bildung als Anpassung? Das Kompetenz-Konzept im Kontext einer ökonomisierten Bildung, Fromm Forum 13/2009, 87–100

Krautz, Jochen: Die Kompetenz des homo oeconomicus, in: DPV (Hg.): Profil 6/2102, 20–32

Kumlehn, Martina: Blickwechsel, Gestaltung, Experiment und Übung. Lebenskunstkonzepte als Herausforderung einer Religionspädagogik im Spannungsfeld von Ästhetik und Ethik, in: ZPT 61/2009, 262–276

Kunstmann, Joachim: Religion und Bildung. Zur ästhetischen Signatur religiöser Bildungsprozesse (RPG Bd. 2), Gütersloh/ Freiburg i. B. 2002

Kurz, Alex: Zeitgemäß Kirche denken. Analysen und Reflexionen zu einer postmodernen kirchlichen Erwachsenenbildung (Praktische Theologie heute, Bd. 86), Stuttgart 2007

Lang, Bernhard: Jesus der Hund. Leben und Lehre eines jüdischen Kynikers, München 2010

Lange, Armin: Weisheitsliteratur II. Altes Testament, in: RGG[4], Bd. 8, Tübingen 2005, Sp. 1366–1369

Lauha, Aarre: Kohelet (Biblischer Kommentar Altes Testament 19), Neukirchen-Vluyn 1978

Lehmann, Karl Kardinal: Zivilcourage und Formen des Widerstands. Gedächtnisvorlesung Weiße-Rose am 21. Januar 2010 in der Ludwig-Maximilians-Universität in München, http://www.bistummainz.de/bistum/bistum/kardinal/texte/texte_2010/zivilcoruage.html (7.3.2013), ohne Paginierung

Lehmann-Rommel, Roswitha: Partizipation, Selbstreflexion und Rückmeldung: Gouvernementale Regierungspraktiken im Feld Schulentwicklung, in: Ricken, Norbert/Rieger-Ladich, Markus (Hg.): Michel Foucault: Pädagogische Lektüren, Wiesbaden 2004, 261–283

Long, A. A./Sedley, D. N.: Die hellenistischen Philosophen. Texte und Kommentare, Stuttgart/Weimar 2006 (1987)

Luck, Georg: Die Weisheit der Hunde. Texte der antiken Kyniker in deutscher Übersetzung mit Erläuterungen, Stuttgart 1997

Luhmann, Niklas: Ökologische Kommunikation. Kann die moderne Gesellschaft sich auf ökologische Gefährdungen einstellen? Opladen ^{3}1990 (1986)

Luther, Martin: Von der Freiheit eines Christenmenschen. Studienausgabe (hg. von Gesche Linde), Stuttgart 2011

Lux, Rüdiger: Die Weisen Israels. Meister der Sprache – Lehrer des Volkes – Quelle des Lebens, Leipzig 1992

Lyotard, Jean-François: Das postmoderne Wissen. Ein Bericht, Wien ^{2}1993 (franz. 1979)

Lyotard, Jean-François: Der Widerstreit. Mit einer Bibliographie zum Gesamtwerk Lyotards von Reinhold Clausjürgens (Supplemente Bd. 6), 2., korrigierte Aufl., München 1989 (1987) (franz. 1983)

Maier, Christl: Weisheit (Personifikation), in: wibilex.de, http://www.bibelwissenschaft.de/nc/wibilex/das-bibellexikon/details/quelle/WIBI/referenz/34659/cache/26f02aedcc1feed4e0c105e69a995c78/

Metz, Johann Baptist: Zur Theologie der Welt, Mainz 1968

Miller, James: Die Leidenschaft des Michel Foucault. Eine Biografie, Köln 1995 (amerik. 1993)

Mitchell, William J. T.: Das Klonen und der Terror. Der Krieg der Bilder seit 9/11, Frankfurt a. M. 2011

Moore, Stephen D.: Poststructuralism and the New Testament. Derrida and Foucault at the Foot of the Cross, Minneapolis 1994

Müller, Hans-Peter: Kohelet im Lichte der frühgriechischen Philosophie, in: Clines, D. J. A./Lichtenberger, H./Müller, H.-P. (Hg.): Weisheit in Israel (ATM 12), Münster u.a. 2003, 67-80

Nicolet-Anderson, Valérie: Constructing the Self. Thinking with Paul and Michel Foucault (Wissenschaftliche Untersuchungen zum Neuen Testament, 2. Reihe, Bd. 324), Tübingen 2012

Nietzsche, Friedrich: Zur Genealogie der Moral. Eine Streitschrift, in: ders.: Kritische Studienausgabe Bd. 5, hg. von Giorgio Colli und Mazzino Montinari (1980, 2., durchg. Aufl. 1988), München [11]2010, 245–412

Nikolova, Roumiana/Schluß, Henning/Weiß, Thomas/Willems, Joachim: Das Berliner Modell religiöser Kompetenz. Fachspezifisch – Testbar – Anschlussfähig, in: Theo-Web. Zeitschrift für Religionspädagogik 6 (2007), H. 2, 67–87 (http://www.theo-web.de/zeitschrift/ausgabe-2007-02/12.pdf) (4.5.2013)

Platon, Apologie. Übersetzung von Friedrich Schleiermacher, bearb. von Heinz Hofmann, 5. Aufl., WBG, Darmstadt 2005

Platon: Des Sokrates Apologie, in: Platon: Werke in acht Bänden. Griechisch und Deutsch, Bd. 2, Übersetzung von Friedrich Schleiermacher, bearb. von Heinz Hofmann, Darmstadt [3]1990, 1–69

Plöger, Otto: Sprüche Salomos. Proverbia (BKAT XVII), Neukirchen-Vluyn [2]2003 (1984)

Pongratz, Ludwig A.: Freiwillige Selbstkontrolle. Schule zwischen Disziplinar- und Kontrollgesellschaft, in: Ricken, Norbert/Rieger-Ladich, Markus (Hg.): Michel Foucault: Pädagogische Lektüren, Wiesbaden 2004, 243–259

Reichenbach, Roland: »La fatigue de soi: Bemerkungen zu einer Pädagogik der Selbstsorge, in: Ricken, Norbert/Rieger-Ladich, Markus (Hg.): Michel Foucault: Pädagogische Lektüren, Wiesbaden 2004, 187–200

Richtlinien und Lehrpläne für das Gymnasium – Sekundarstufe I – in Nordrhein-Westfalen. Evangelische Religionslehre, hg. vom Kultusministerium des Landes Nordrhein-Westfalen, Düsseldorf 1993

Ricken, Norbert/Rieger-Ladich, Markus (Hg.): Michel Foucault: Pädagogische Lektüren, Wiesbaden 2004

Rothgangel, Martin: Grundlegende Aspekte kompetenzorientierter Religionspädagogik, in: Loccumer Pelikan 3/2009, 103–106

Ruhsdorfer, Karlheinz: Eine Spur christlicher Wahrheit? Michel Foucault und die Grenzen der Postmoderne, in: Bauer, Christian/ Hölzl, Michael (Hg.): Gottes und des Menschen Tod? Die Theologie vor der Herausforderung Michel Foucaults, Mainz 2003, 65–77

Ruhsdorfer, Karlheinz: Konversionen. Eine Archäologie der Bestimmung des Menschen bei Foucault, Nietzsche, Augustinus und Paulus, Paderborn u. a. 2004

Ruoff, Michael: Foucault-Lexikon, Paderborn ²2009 (2007)

Saß, Marcell: Schulanfang und Gottesdienst. Religionspädagogische Studien zur Feierpraxis im Kontext der Einschulung (AzPrTh Bd. 45), Leipzig 2010

Schieder, Rolf: Wieviel Religion verträgt Deutschland?, Frankfurt a. M. 2001

Schmid, Wilhelm: Auf der Suche nach einer neuen Lebenskunst. Die Frage nach dem Grund und die Neubegründung der Ethik bei Foucault, Frankfurt a. M. 1991

Schmid, Wilhelm: Philosophie der Lebenskunst. Eine Grundlegung, Frankfurt a. M. ¹²2012 (1998)

Schröer, Henning: Kohelet (Unterrichtsideen zum Prediger Salomo, in Dressler/Schroeter-Wittke (Hg.): Religionspädagogischer Kommentar, 188–196 (zuerst veröffentlicht in: EvErz (ZPT) 38/1986, 188–196

Schuld, J. Joyce: Foucault and Augustine. Reconsidering Power and Love, University of Notre Dame 2003

Seip, Jörg: Der weiße Raum. Prolegomena einer ästhetischen Pastoraltheologie (PThK Bd. 21), Freiburg 2009

Seneca, Lucius Anneus: Philosophische Schriften. Lateinisch und Deutsch. Zweiter Band, hg. und übersetzt von Manfred Rosenbach, Darmstadt [2]2011

Seneca, Lucius Anneus: Trostschrift an seine Mutter Helvia, in: Digitale Bibliothek Bd. 2. Philosophie von Platon bis Nietzsche, 5578–5627 (Seneca: Ausgewählte Schriften. Übersetzt und erläutert von Albert Forbiger, Stuttgart 1867, 53–89)

Sennett, Richard: Der flexible Mensch. Die Kultur des neuen Kapitalismus, Berlin [8]2010

Steffens, Ulrich/Höfer, Dieter: Was ist das Wichtigste beim Lernen? Die pädagogisch-konzeptionellen Grundlinien der Hattieschen Forschungsbilanz aus über 50.000 Studien. *Beitrag für die Zeitschrift SchulVerwaltung, Ausgabe Hessen/Rheinland-Pfalz (voraussichtlich Heft 11/2011)*, (http://www.oezeps.at/wp-content/uploads/2012/10/Hattie_Veröff-_SV_2-Teil-12-09-11.pdf)

Steinkamp, Hermann: Die sanfte Macht der Hirten. Die Bedeutung Michel Foucaults für die Praktische Theologie, Mainz 1999

Suárez Müller, Fernando: Skepsis und Geschichte. Das Werk Michel Foucaults im Lichte des absoluten Idealismus, Würzburg 2004

Taureck, Bernhard F.: Michel Foucault, Reinbek bei Hamburg [4]2004

Tillich, Paul: Der Mut zum Sein, Berlin/New York 1991 (1969)

Tillich, Paul: Systematische Theologie III, Berlin, [8]1987 (amerik. 1963)

Tran, Jonathan: Foucault and Theology, London/New York 2011

Türcke, Christoph: Kompetenzwahn, in: DPV (Hg.): Profil 11/2012, 30–33

Vattimo, Gianni: Glauben – Philosophieren, Stuttgart 1997 (ital. 1996)

Vattimo, Gianni: Jenseits des Christentums. Gibt es eine Welt ohne Gott?, München/Wien 2004

Welzbacher, Christian: Der radikale Narr des Kapitals. Jeremy Bentham, das »Panoptikum« und die »Auto-Ikone«, Berlin 2011